MANON

MANON

FEDERN
2 Monate und 12 Tage. Notizen

Edition Patrick Frey

N° 296

Für meinen Gatten Sikander von Bhicknapahari, der mich seit Jahren über alle Hindernisse hinweg begleitet.

Liebe Leserin,
lieber Leser,

im Frühling habe ich die hier vorliegenden, längst vergessenen Notizen wiedergefunden. Aus der Distanz von ein paar Jahren finde ich heute den Mut, Ihnen *Federn* anzuvertrauen.

In diesen Aufzeichnungen ist von einem Film die Rede, der fürs Kino hätte gedreht werden sollen. Es ist von einer Biografie die Rede, die eine Journalistin hätte schreiben wollen. Beides habe ich schliesslich abgesagt, wie so manches andere auch.
    Ich glaube, ich fürchtete mich davor.

Der Film ist schliesslich doch noch entstanden, wenngleich fürs Fernsehen, gedreht von einer Frau, so wie ich mir das genau genommen gewünscht hatte.
    Jahre später.

Die Biografie, nun, ich werde älter, wir werden sehen …

Es ist aber auch die Rede vom Buch *Einst war sie MISS RIMINI,* das kurz nach diesen Aufzeichnungen erschienen ist, und von einem noch ganz vagen Kunstprojekt, das

unter dem Titel *Der Wachsaal* Anfang 2018 schliesslich realisiert wurde.

Federn besteht aus Notizen, die ich damals – auf Bitten des Filmers – in einem Tagebuch festgehalten hatte, um ihm einen kleinen Einblick in mein aktuelles und auch in mein vergangenes Leben zu geben.

Mehrere der erwähnten Personen sind in der Zwischenzeit gestorben.
    Dieses Tagebuch endet am Tag, an dem ich mich gegen jenen Film entschied.

Manon, im Frühjahr 2019

2005

22. Februar
Frauen, die in seiltänzerischer Performance auf diesem sehr schmalen Grat balancieren, wo man gerade noch schön, aber nicht mehr jung ist, empfand ich stets als besonders anziehend, vielleicht, weil der Absturz so nah, so unvermeidlich ist.

    Ich muss dabei an Bette Davis denken im Filmklassiker *All about Eve*, aber auch an die Schauspielerin Charlotte Rampling, oder an Jeanne Moreau. Vor solchen Frauen hätte ich hinknien mögen, weil ihre Schönheit am Punkt allergrösster Fragilität angelangt war.

Ob ich mich selbst dereinst auch mit nachsichtigem Blick betrachten werde?

Der Filmer wünscht sich eine Art Tagebuch von mir, damit er einen Einblick bekomme in mein Leben, in mein Denken, in das, was mich umtreibe, womit ich mich beschäftige, oder auch, was ich erinnere.

    Das bringt mich darauf, Notizen zu machen über den Lauf der Zeit. Und über den Lauf meiner Zeit.

23. Februar
Sollte ich dasselbe Alter erreichen wie meine Eltern – die statistisch vorgesehene Anzahl an Lebensjahren ist ihnen nicht beschieden gewesen –, hätte ich noch zwölf Jahre zu leben.

    Das ist verdammt wenig, wenn man erst spät gelernt hat, gern zu leben.

„Offiziell" schreibt man mich ein paar Jahre jünger als die Zahl, die in meinem Pass steht. Zu Beginn meiner Künstlerlaufbahn nämlich führte eine Zeitung, ohne mich danach gefragt zu haben, ein falsches Geburtsjahr an. Seither wurde dieses Datum von anderen Zeitungen übernommen, und auch von den Künstlernachschlagewerken wie Wikipedia, Sikart und dergleichen. Ganz unschuldigerweise habe ich auf diese Art und Weise Zeit gewonnen.

Ich war da noch jung. Es gab also keinen Grund, mein Alter zu vertuschen. Doch ich dachte bereits an die Zukunft, fand, eines Tages würde ich vielleicht froh sein über solchermassen „gewonnene" Jahre, und blieb dabei.

Oder habe ich diese Zeit am Ende gar verloren? Weil ich ja um diese sechs Jahre weniger lang leben werde, als man denkt?

*„Ne me demandez pas mon âge,
il change tout le temps."*

Das sagte der französische Autor und Humorist Alphons Allais.

Die heute 85-jährige, noch immer vitale französische Schriftstellerin und Feministin Benoîte Groult hingegen meinte: „Eine Französin steht erst ab achtzig zu ihrem Alter. Von vierzig bis achtzig befindet sie sich in einer Grauzone."
    Man könnte es auch so sehen.

Morgen wird ein von der Präsidialabteilung der Stadt Zürich veranlasstes Podiumsgespräch stattfinden unter dem Titel „Alter – Frust oder Lust?". Zwischen seriösen Männern und Frauen, wie einem Ex-Regierungsrat und einem Ex-NZZ-Redaktor, einer Ex-Direktorin Alterswohnungen, dem Stadtarzt von Zürich, noch im Amt, und einer Ex-Leiterin Sozialarbeit, heute Autorin, Schwester eines unserer Bundesräte, zwischen diesen Autoritäten also bin auch ich geladen.
    Vielleicht als kleines Exotikum, als kleiner Farbtupfer? Denn ich bin noch lange keine Ex.

Vor allem wohl als Schöpferin der 50-teiligen Fotoarbeit *Einst war sie MISS RIMINI*. Man könnte also sagen, als fiktive Ex-MISS RIMINI. Denn ich selbst als Manon komme in dieser Arbeit nicht vor.

24. Februar
Meine Eltern sind seit Längerem tot, somit bin ich „an die vorderste Front" gerückt.
    Ach, der Tod sitzt uns im Nacken, genau genommen ist er unser ständiger Begleiter.
    Das ist mir stets bewusst, das macht die Zeit kostbar. Und auch schön, zuweilen.
    Nicht selten macht mir das grosse Angst.

Es wäre wunderbar, wenn das Alter einen Zuwachs an Geist mit sich brächte.
    Denn weitaus mehr als jeder körperliche Zerfall ängstigt mich der mögliche Verlust an Verstand. Sich nicht mehr ausdrücken können und damit den Respekt der Umwelt verlieren, wie es meinem Vater geschah, der Wissenschaftler war, und dem so sein ganzes „Kapital" abhanden kam und damit auch die Möglichkeit, aus seiner Erfahrung noch einen Gewinn zu schöpfen.
    Was ich dabei jedoch gelernt habe:
Die Seele bleibt intakt und damit verwundbar, bis zuletzt!

Einiges habe ich mit den Jahren gewonnen: eine grosse Fähigkeit zum Glück, die mir früher fehlte, und damit meine ich Glück, das von anderen Menschen ganz unabhängig ist. Oder die Ruhe, über alltägliches Ungemach hinwegzusehen, weil die Zeit für Ärger zu kostbar ist.

Vor Jahren, das war 1993, hatte ich eine grosse Raum-Installation zum Thema Tod gestaltet unter dem Titel *Die Philosophie im Boudoir*, nach diesem eigenwilligen Buchtitel von de Sade *La Philosophie dans le boudoir*. Gelesen hatte ich das Buch nicht, aber der Titel hatte mich inspiriert.

Denn er war gedacht als kleiner *clin d'œil* an eine andere Ausstellung: meinen allerersten Auftritt in der Kunstszene nämlich mit dem Ausstellen meines Schlafzimmers, das war 1974, ich nannte es *Das lachsfarbene Boudoir*. Dies geschah in einer Zeit des Abschieds von einer grossen Liebe, einer Heirat gar, und war der Beginn eines ganz neuen Lebensabschnitts.

Bei oben genannter Arbeit mit acht massiven chromstählernen Seziertischen hingegen ging es um den definitiven Abgang. Mir wichtige Menschen hatten sich bereits verabschiedet.

Diese Seziertische – sie waren massiv, hochglänzend und wunderschön anzusehen – wurden mir vom gerichtsmedizinischen Institut zur Verfügung gestellt unter einer Bedingung: Sollte eine Katastrophe passieren, müsste ich sie auf der Stelle zurückgeben.
    Es ging dann alles gut.

Um die Möglichkeit, Schwieriges anzupacken und umzuwandeln in eine Kunstaktion, bin ich froh.

Heute noch mit dem Ausläufer einer kleinen Grippe im Bett, werde ich also gegen Abend aufstehen und sehen, wie ich das Podiumsgespräch trotz leichten Fiebers hinter mich bringe.

Letztes Jahr hatte ich mir vorgenommen, jeden einzelnen Tag meine kleine Digitalkamera mitzutragen und mindestens ein Foto zu schiessen. Im Gegensatz zu meinen bisherigen Arbeiten will ich nichts inszenieren, sondern nur aufnehmen, was das Leben mir anbietet. Alltäglichkeiten, meine Tiere, Stillleben, den See, Ungewöhnliches und Gewöhnliches. Es sind dann, nach der Berechnung meines Ehemannes, in diesem einen Jahr einige tausend Bilder entstanden. Gelegentlich bin ich in einen eigentlichen Furor geraten, wenn ich ein Sujet, durch meinen persönlichen Filter betrachtet, besonders attraktiv fand. Es wurde kein einziger Tag ausgelassen, sogar am Abend nach einer Narkose habe ich noch auf den Auslöser gedrückt.

Allerdings kommen kaum Menschen vor in diesen Bildern.

Da habe ich eine grosse Scheu.

Dieses Jahr möchte ich nun etwas Ähnliches versuchen, jedoch mit einem anderen Medium: mich jeden Tag an den Computer setzen nämlich und meinen ganz gewöhnlichen Alltag kommentieren, so wie der Filmer es sich wünscht. Hätte ich bei der Verteilung von Begabungen ein Mitspracherecht besessen, hätte ich wohl das Schreiben gewählt. Lebenslang habe ich die Schriftsteller beneidet, die frei von umständlichen Utensilien und einfach da, wo sie sich gerade befinden, ihrer Leidenschaft nachgehen können. Wenn ich jeweils im Ausland ein Atelier beziehe, heisst das jedes Mal, Dutzende von schweren Bananenschachteln zügeln. Unterlagen, Fotoausrüstung, Hintergrundrollen, Farben, Zeichenblöcke, Negativordner, Kostüme, Requisiten, Fotolampen, Stative und was weiss ich.

Heute früh habe ich ein Rabennest fotografiert, das ich gestern in der Gabelung des höchsten kahlen Baumes am Eingang „meines" Parks entdeckt hatte. Wie mich diese Tiere faszinieren. Fleissig brechen sie an anderen Bäumen kleine Äste ab, um sich für ihre im März aufzuziehende Brut zu rüsten. Verblüffenderweise ist ihr Nest Regen und Schnee schutzlos ausgesetzt, und ich frage mich, ob es den Frühjahrsstürmen wird standhalten können.

    Ich weiss nicht, ob ich früher blind war, oder ob es weniger Rabenkrähen gab (so nennt man die bei uns heimische Art), jedenfalls habe ich sie nur rudimentär wahrgenommen. Einmal sah ich, wie zwei davon auf einen verletzten Sperling, der aber noch nicht tot war, einhackten. Danach mochte ich sie eine Zeitlang nicht mehr.

25. Februar
Mithilfe einiger Medikamente den gestrigen Abend gut überstanden. Zuvor noch husch-husch mittels Sicherheitsnadeln den heruntergerissenen Saum an meinem Mantel vom Flohmarkt hochgeheftet, einen eierschalenfarbenen Turban geflochten, Gala-Make-up aufgelegt. Ich will, gerade zu diesem Thema, glamourös aussehen.

Gleich beim Eingang wurden mein Gatte und ich zurückgewiesen, weil wir unsere Hündin, die Pariserin, dabei hatten. Schliesslich hatte der Portier ein Einsehen, denn ich musste ja auf die Bühne.

    Mit etwas Lebendigem, etwas Unerwartetem können solch durchritualisierte Anlässe nur gewinnen!

Der offenbar bereits achtzigjährige Ex-Erziehungsdirektor war krank und abwesend, früher zählte ich ihn fast zu meinen persönlichen „Feinden", das heisst zu den Feinden einer progressiven, aufbegehrenden Jugend während der Zürcher Revolten. Hätte gerne erfahren, ob seine Rigidität sich in Altersmilde gewandelt hat. Der Ex-NZZ-Redaktor ist kommentarlos nicht aufgetaucht. Die mir vom Fernsehen her bekannte Moderatorin fragte als Erstes, wie alt wir gerne wären, wenn wir diesen Wunsch frei hätten. Wie erwartet, wollte niemand mehr zwanzig oder dreissig sein, sondern mindestens um die vierzig. Wir haben viel gelacht und uns gut unterhalten, das sehr zahlreiche Publikum war angetan.

    Der Stadtarzt schilderte die medizinische Situation, die sich, wie wir alle wissen, gewandelt hat: Heute werden die Menschen

länger in relativ gutem Zustand alt, die Zeit
grosser Hinfälligkeit und Abhängigkeit
ist kürzer.

Eine Frage an mich lautete: Frau Manon, wie
fühlen Sie sich heute, nachdem Ihnen
Ihre Schönheit langsam abhanden kommt?
Eine Frau aus dem Publikum rief: Sie ist
jetzt noch schöner.
    Es geschieht mir öfters, dass Frauen mich
mit besonders liebevollen Augen betrachten.

In der ersten Reihe entdeckte ich, welche
Verblüffung, denn eben noch war er jung, den
Musiker und Komponisten Stefan W. Jung
waren wir beide, als uns eine kurze Leidenschaft verband. Die Sympathie ist geblieben.

Später sah ich meine kurz nach mir geborene
Schwester. Sie erzählte, schön und strahlend,
dass sie gelegentlich in vorgezogene Pen-
sion gehen wolle. Wüsste ich es nicht besser,
schätzte ich sie auf Mitte vierzig. Seit dem
Tod unseres Vaters haben wir uns, obwohl
in derselben Stadt lebend, nur bei öffentlichen
Anlässen gesehen. Ich brauche Distanz.

Auf der Stelle sympathisiert habe ich mit der
über siebzigjährigen, heutigen Autorin, die –

wohl auf Anraten ihres Verlegers – stets mit Doppelnamen erwähnt wird. Noch kürzlich hatte ich ihr letztes Buch in der Hand. Früher aktiv als radikale Linke, ganz im Gegensatz zu ihrem derzeit in höchstem Amt politisierenden Bruder, erzählte sie, und das hat mich bewegt, von ihrer Hirnoperation vor zehn Jahren, nach der sie „eine Gesichtshälfte verloren" habe. Noch immer ist diese eine Seite, jedoch auf kaum störende Weise, leicht gelähmt.

    Eine warme, gescheite Frau. Wir werden uns bestimmt wiedersehen.

    Auch ich habe mich den Linken stets näher gefühlt als den Rechten.

Ihre agitatorische Gefährtin früherer Jahre, Elena F., einst linke Stadträtin von Mailand, Mutter meines Seelenfreundes, ich nenne ihn Salamander, liegt im Sterben. Er schreibt mir, dass mit diesem Ereignis für ihn die Zeit stehen zu bleiben scheine. Täglich fährt er die Route Bern – Zürich – Triemli-Spital und zurück. Noch wehrt sich der zähe 92-jährige Körper gegen den Tod. Er ist lange verschont geblieben.

Erinnerungen an meinen Vater: Zwischen Leben und Tod – das dauerte eine Woche, ich schlief am Boden neben seinem Bett, wollte ihn nicht allein lassen und zudem seinem Tod persönlich begegnen – blieb auch meine eigene Zeit stehen. Gelegentlich verliess ich mit dem Hund das verdunkelte Zimmer – eine Insel, unwirklich, abgespalten, ein ganzes kleines Universum für sich, es gab kein Aussen mehr, nur mehr diesen rasselnden Atem des Sterbenden –, und da, im plötzlichen Tageslicht, überfiel mich jeweils ein jähes, heftiges Glücksgefühl: die Sonne, der Wind auf dem Gesicht, das pralle Leben.

Mein Vater lehnte sich auf, sein ganzer Körper war Verspannung und Angst. Der letzte Atemzug ein sehr langer, tieftrauriger Seufzer. Ein „schöner Tod" war es nicht.
    Ich glaube, mein Vater hätte gerne länger gelebt, aber nicht so, wie er seine letzten Jahre verbringen musste.

Mein Votum an diesem Abend, das ich schon bei anderer Gelegenheit vertrat, war in etwa dies:
    Ich habe ein sehr präzises Bild von mir, wie ich als sehr alte Frau aussehen könnte, ein Bild, mit dem ich mich gut anfreunden kann. Hingegen fehlt mir jede Vorstellung davon, wer ich ab heute bis dorthin sein werde, es will

sich dazu einfach kein Bild einstellen. Lange habe ich nicht verstanden, weshalb das so ist. Bis mir klar wurde, dass es keine Bilder, keine Vorbilder mehr gibt.

Jahrelang habe ich zum Thema Identität gearbeitet. Als ich vierzig wurde, hielt ich diese Aufgabenstellung für abgeschlossen. Ich fand, wer bis dahin nicht wisse, wer er sei, was er wolle, wie er wahrgenommen werde und inwiefern sein Inneres sich mit seinem Äusseren decke, mit dem stimme etwas nicht.
    Und nun, siehe da, tauchen heute, ein paar Jahre später, diese Fragen ganz unvermittelt wieder auf, und zwar wohl für alle von uns. Dafür gibt es triftige Gründe: Die Generation vor uns, und insbesondere die Frauen, lebte und alterte anders und starb früher, wir haben also keine Vorbilder, keine Beispiele. Wir lernen uns neu kennen und nehmen am Leben weiterhin aktiv teil, das Hüten von Enkeln steht nicht im Vordergrund.

Ganz ausgespart wurde das Thema Tod.
    „Der Tod geht uns nichts an, denn so lange wir sind, ist der Tod nicht da, und wenn er einmal da ist, sind wir nicht mehr."
    An diesen wunderbar weisen Satz will ich mich zu halten versuchen.

Ich erfahre, dass der offenbar ganz dem Leben zugewandte griechische Philosoph Epikur ihn bereits 300 Jahre vor Christus geschrieben hat.

Mein Ehemann zurück vom Arzt. Trotz jahrelang benötigter Opiate wegen täglicher Schmerzen durch ein Schleudertrauma sind seine inneren Organe unverhofft in Ordnung. Weder die Schmerzen noch seine Medikamente sind bei uns zum Thema geworden, sondern Teil unseres Alltags. Inzwischen hat er jedoch weitgehend Abstand genommen von der Chemie und gelernt, mit der Beeinträchtigung umzugehen.
    Als wir uns kennenlernten, war ich diejenige, die keinen einzigen Tag, und dies seit sehr vielen Jahren, ohne komplizierte Medikamenten-Cocktails funktionieren konnte. Er hat es hingenommen, es war einfach so. Danach folgte mein Entzug, und dieser dauerte schliesslich, alles in allem, sieben lange, schwierige Jahre.

26. Februar
Der Samstag ist mein Tag. Keinerlei Verabredungen, nie, auch samstägliche Veranstaltungen werden gemieden. Nach den Wocheneinkäufen und anderen Unabwend-

barkeiten folgt am Spätnachmittag der Gang zum Zeitschriftenhändler und danach an meinen Lieblingsort, und dies seit vielen Jahren: die Bibliothek.

    Oft bringe ich eine Bücherliste mit, zusätzlich lasse ich mich treiben, nehme hier ein Buch in die Hand, blättere da eins durch. Mit einem riesigen Stapel an Biografien, Kunstbänden, Romanen und Sachbüchern aller Art sowie mit meinen Lieblingszeitschriften geht's nach Hause in mein verspiegeltes Zimmer, die Funde werden fächerartig ausgebreitet auf dem grossen Bett. Dazu kommt ein Tablett mit Canapés, und die Lampen rund ums Bett geben ein schönes Licht. Dann unter die alte Flauschdecke gekrochen, die Katzen und die Hunde legen sich dazu, sie kennen das Ritual. Nun wird jedes Buch erst mal beschnuppert, durchgeblättert, angelesen, bis ich hängen bleibe.

Die winterlich blattlose Buche vor meinem Fenster – sie hatte sich vor Jahren selbst gepflanzt in der Erde eines ungenutzten Tontopfes und wird nun gehegt und gepflegt – wurde von mir behängt wie ein Weihnachtsbaum mit vielen runden Vogelfutterkugeln. Alle halbe Stunde wird sie höchst lebendig, eine immer grösser werdende Spatzenfamilie nimmt sie zwitschernd und tschilpend in Beschlag.

Später im Park werden die Sperlinge dann so zutraulich, dass sie mir aus der Hand fressen. Ich liebe diese Überlebenskünstler.

Im Sommer schleppt hin und wieder eine meiner Katzen einen davon in die Wohnung. Ich habe schon mehrmals das Töten übernehmen müssen, weil die Katze es nicht hat tun wollen, nachdem der Vogel unrettbar verletzt war.

Bäume leben länger als Menschen. Später einmal wird meine Buche einen Platz finden im Garten netter Menschen. Das ist abgesprochen.

Plötzlich die Erinnerung an ein Taubenpaar, wohnhaft hinter einem Fensterladen meiner früheren Altstadtwohnung, einem umfunktionierten Estrich. Das tägliche Gurren habe ich noch im Ohr, direkt hinter meinem Bett, es war ein ungemein erotischer Klang und Beiwerk mancher Liebesstunde. Eines Tages legte mir meine Siamesin den Täuberich tot vor die Füsse. Drei Tage lang dauerte das Rufen und Klagen seiner Taubenfrau, es war herzzerreissend.

Meistens bleiben die Witwen danach allein.

Lesen! Dank Grippe habe ich mir den Luxus gegönnt, eine Woche lang im Bett liegend zu lesen, und das ist wunderbar. Kein schlechtes Gewissen, kein Arbeitsdruck. Manchmal träume ich davon, einen Winter mit nichts als einem Stapel Bücher versehen allein in einem einfachen Haus mit hölzernen Wänden zu verbringen, auf dem Land, einen Kachelofen allerdings wünschte ich mir dazu. Eines Tages werde ich mir das gönnen.
  Schon immer haben mich Buchhandlungen magisch angezogen, ausserdem übrigens auch Papeterien, und dann noch die Parfümerien, der schönen Verpackungen und der Düfte wegen, sowie, und dies speziell in Paris oder in Mailand, Damenunterwäsche-Geschäfte, wenn sie sehr luxuriös sind.
  Zudem liebe ich Flohmärkte auf der ganzen Welt, auch hier habe ich schon manches seltene Buch oder Objekt gefunden.

Je älter ich werde, umso mehr kommt eine Ruhe über mich, die mir früher fremd war: Mir scheint, es ist ein Lebenswerk da. Ausser den inzwischen wohl über hundert ausgestellten, publizierten und mehr oder weniger bekannten Foto-Bildern lagern in vielen Ordnern Negative von nie sortierten und nie ausgewerteten Sujets.

 Eines Tages werde ich mich darum kümmern müssen.

27. Februar
Arm in Arm geht's heute zum Frühstück im Restaurant Terrasse, wo mein Ehemann und ich uns an unserem fixen Sonntags-Tisch Nr. 18, in der Rundung dieses schön gestalteten Raumes mit hellblauer Decke und aufgemalten Wolken, von höflichen Kellnern umhegen lassen. Ich fotografiere eine blattvergoldete Kopf-Skulptur von Otto Müller, die auf grauem Sockel vor lila getönter Wand einen unübersehbaren Platz bekommen hat. Ein paar Jahre vor seinem Tod hatte mir der Bildhauer erzählt, dass er nach einem Foto von mir ein grosses Ohr modelliert habe, weil meine Ohren so präzise geformt seien. Ich nehme an, dass es sich bei der Vorlage um das Porträt mit kahlem Kopf auf dem Dach eines Pariser Hauses handelt, im Hintergrund die Hochhäuser der Stadt.

 Nicht viel später, in ganz anderem Zusammenhang, lernte ich auch seine Lebensgefährtin, die stets zurückhaltend und bescheiden auftretende Plastikerin Trudi Demut, noch kennen. Wir sassen öfters zusammen bei Charlotte Schmid, Grafikerin und beste Gastgeberin unserer Stadt. Ganz unvergessen die einzigartige und unübertroffene Weihnachtsbeleuchtung der Zürcher Bahnhofstrasse, mit Millionen Glühbirnen in einem warmen Gelb, die von ihr stammte.

Im letzten Jahr, vom 1. Januar 2004 bis zum 1. Januar 2005, nannte ich den Sonntag jeweils meinen „Ernte-Tag". Da wurden die Wochenfotos von der Digitalkamera auf den Computer geladen, dies übernahm jeweils mein Mann, danach aussortiert und schliesslich eine Auswahl davon ausgedruckt, ausgeschnitten, datiert, nummeriert und in Ordnern abgelegt. Ich glaube, es gab nur einen einzigen Tag, an dem bloss ein einzelnes Foto entstand, aber Tage mit hundert und mehr Bildern. Jedenfalls war jeder Sonntag bis weit in den Abend hinein mit dieser Beschäftigung ausgefüllt, oft mussten auch noch der Montag- und manchmal sogar der Dienstagabend herhalten. Ich nenne diese Sujets „schnelle Bilder übers Jahr".

Mit derselben Disziplin will ich mich nun jeden Tag an den Computer setzen und wenigstens eine einzige Notiz eingeben. Was gerade ansteht, woran ich mich spontan erinnere, was mich erwähnenswert dünkt, ebenso unzensiert wie die letztjährigen Fotografien, und ganz unabhängig davon, ob das Geschriebene vom Filmer gelesen oder sonst irgendeine Verwendung finden wird. Ich schreibe gern, seit jeher, aber ich weiss wohl, dass meine Begabung anderswo liegt.

Etwas ratlos sitze ich heute vor meinen acht prall gefüllten Tages-Foto-Ordnern. Ich habe der Filmerin Edith Jud, die seinerzeit eine Fernsehdokumentation über meine Arbeit *Forever Young* gedreht hat, davon erzählt. Sie nannte diese Arbeit, als Gegensatz zu meinen inszenierten Bildern, „Eine zweite Spur", das hat mir gefallen.

Die berührendsten Sujets sind für mich diejenigen meiner toten Tiere, der Windspielhündin Arletty, zierlich, blutüberströmt, vor unseren Augen von einem Auto angefahren, wir mussten sie einschläfern lassen. Die kleinwüchsige Daisy, und später ebenso die Missy, die mit mir jahrelang durch dick und dünn gegangen waren, altershalber gestorben. Auf meinem Bett liegend, mit Blumen geschmückt, die Katzen setzen sich still dazu, einen ganzen Abend lang. Oder der Kater Gigolo, im Krematorium in einen Plastikcontainer gelegt, kalt und bereits in leichter Verwesung begriffen.

Aber auch eine Ratte mit aufgebissener Kehle – das waren „meine" Raben, die sie im Flug haben fallen lassen – gehört dazu, eine Taube ohne Kopf, inmitten von einem Federmeer, ein paar Sperlinge und auch eine Amsel, vom Sturm erwischt und in einem Bassin ertrunken. Ein etwa drei Tage junger Hase, nackt, mit rosafarbener Haut, in einer Wiese noch lebend gefunden, sowie ein über und über verschmutzter weisser Zwerghase mit bereits steifen Gliedern, zufällig tot in einem Abfallkorb gefunden und anschliessend im Park vergraben.
   Mir scheint, die toten Tiere laufen mir zu.
   Jahrelang fand ich, meine Tierfotos gehörten nicht in den Kunst-Kontext.
   Aus den Alltagsbildern allerdings lassen sie sich nicht herauslösen.

28. Februar
Heute in der Früh erste Spuren im frischen Schnee: ganz winzige Abdrücke von einem kleinen Hund, fast würde man einen grossen Vogel vermuten, etwas grössere von unserer Pariserin.

Per Mail den Umschlagtext erhalten zu meinem im Frühling bei einem Zürcher Verlag erscheinenden Buch. Die Schreiberin, eine grosse schöne junge Frau mit langem blondem Haar und sanfter Stimme, fasst die Arbeit in wenigen poetischen Sätzen wunderbar zusammen.

    Ausserdem wird dieselbe Journalistin bis Mitte März demselben Verlag einen Themenentwurf zu meiner Biografie abliefern müssen. Diese soll ein, zwei Jahre später erscheinen.

    Im anschliessenden Telefongespräch mit ihr eine Frage, die mir immer wieder gestellt wird: Was geschieht mit all den Zeichnungen und Notizen, die in der Vorbereitungsphase zu einer Fotoserie oder einer Installation entstehen? Oder mit den unzähligen Hintergrund-Versuchen, Lichtproben für die Kamera? Will ich das alles nicht mal ausstellen? Darf man das sehen?

    Nun, sobald die Arbeit steht, wird mit grosser Erleichterung alles Vorherige weggeschmissen. Diese Skizzen zu zeigen käme mir vor, als würde ich mit halbfertigem Make-up das Haus verlassen.

    Ein grosses Problem stellt dies auch für den zu drehenden Film dar: Ich lasse mir bei der Arbeit nicht gerne über die Schulter blicken. Ich kann das nicht.

Die Journalistin erzählt anschliessend, dass ihr Vater an einer schweren Krankheit gelitten habe, was ihre ganzen Jugendjahre, in denen andere das „wilde Leben" probierten, überschattet habe. Sie sei deshalb bis zu seinem Tod, da war sie 27, zu Hause geblieben. Nun verstehe ich, weshalb sie heute in London, bei einem zweiten Studium, obwohl in Zürich verheiratet, so glücklich ist. Sie hat die unbeschwerte Studentenzeit nachzuholen.

Eine Einladung zu Vernissage und Nachtessen von einem mir sehr lieben, in der Romandie wohnhaften, jedoch zumeist nomadisierenden Künstler. An eine Zeit vor über zwanzig Jahren, er war da noch fast unbekannt, ich gerade zurück aus Paris und im Begriff, bekannter zu werden (später hat er mich dann weit überholt, ist weltberühmt geworden), habe ich innige Erinnerungen.
    Noch immer trägt er sein schwarzes dichtes Haar lang, wenngleich nicht mehr offen, wie ich es so gerne mochte. Er hat kaum merklich zugenommen, sein damals wassersportgestählter, ungewöhnlich schöner Körper ist mittlerweile über fünfzig Jahre alt. Es gibt zauberhafte Fotos von ihm, die ich in irgendeinem billigen Hotelzimmer aufnahm, wo war das bloss? Und auch hübsche Bilder von

uns beiden, unbekleidet, aber sehr keusch, mit Selbstauslöser entstanden. Eines Tages wird man diese Sujets vielleicht sehen, aber nicht bevor wir achtzig sind oder tot.
    Warum bin ich nicht bei ihm geblieben? Es fiel nie ein böses Wort.
    Er nahm das Leben so leicht, ich nahm es damals noch so schwer.

Und dann habe ich meinen heutigen Ehemann kennengelernt.

Kürzlich habe ich den Künstler erneut fotografiert. Er wiederholte in einem Kunsthaus seine früheren Performance-Auftritte, die zu jener Zeit nur Insidern bekannt waren. Ich hatte sie noch nicht gesehen. Er war voller Schalk und Charme.

1. März
Mit dem Salamander telefoniert, diesem Lebensfreund und Partner während sieben wilder Jahre. Noch immer ist seine Mutter Elena F. am Leben. Sie ist gelähmt und nur zeitweise bei Bewusstsein.
    Trotz Patientenverfügung mit dem Wunsch, in solch einem Fall keine lebensverlängernden Massnahmen durchzuführen, wird sie künstlich ernährt.

Offenbar ist eine Patientenverfügung nicht absolut verbindlich, es müsste beispielsweise explizit erwähnt werden, ab wann genau die künstliche Ernährung eingestellt werden solle. Doch wer denkt beim Abfassen dieses Textes an solche Details?

Viel Schnee, viel Sonne.
Ein ungewöhnlich kalter, schöner Wintertag.

Gestern in der Brockenstube des Quartiers ein kleines Sofa gekauft, das vorderhand nach nichts aussieht, aber nach ein paar Modifikationen wunderbar in unsere Wohnung im Frascati-Haus passen wird.
   Denn darin besteht meine Hauptbegabung, seit jeher: dass ich aus nichts etwas machen kann.
   Das betrifft alles, Räume, Möbel, Kleidung, Schmuck, und nicht zuletzt auch mich selbst.
   Wir konnten nur die weiche Sofahälfte mit dem Auto transportieren, das Metallgestell war dafür zu gross. Ich habe es geschultert und nach Hause getragen, auf eisiger Strasse.

Ich werde ein paar Veränderungen vornehmen.
Es wird elegant aussehen.

Genau genommen hätte ich eine Ausstellung anzubieten. Eine grosse Ratlosigkeit, wie ich die Bilder präsentieren sollte, hält mich davon ab. Die Fotos würden sich besser eignen für ein sehr lebendiges, sehr umfangreiches Buch.
 Genau genommen hätte ich mehrere Ausstellungen anzubieten. „Nie gezeigte Bilder" wäre beispielsweise seit Langem ein mögliches Thema.

Was ich, nach der Darstellung von über fünfzig verschiedenen Frauenfiguren der *MISS RIMINI*-Serie, gerne anpacken würde, ja, das könnte mich faszinieren: mich überzeugend als Mann herrichten und fotografieren.
 Sollte mir das gelingen, würde das Identitätsthema auf den Kopf gestellt.

In der frühen Frauenbewegung hatte man behauptet, „Männlichkeit" und „Weiblichkeit" seien das Resultat von Sozialisierungen. Später ist man von der Radikalität dieses Gedankens wieder etwas abgerückt.
 Damals in Paris, mit dem kahl rasierten Schädel, im Araberviertel wohnhaft, hielten mich die Männer für einen Transvestiten, einen als Frau verkleideten jungen Mann. Das hatte mir gefallen.

Die Presse nannte mich in jener Zeit „androgyn". Ich wäre gerne sowohl männlich als auch weiblich, sehr weiblich allerdings, gewesen, weil ich jede nur denkbare Erfahrung machen wollte.

Längst hegte ich den Verdacht, dass die Figur „Manon", diese mutige Verführerin, Männerfresserin, mithilfe ausgeklügeltster Requisiten eine ganz andere Person maskierte. Ein einfaches Mädchen nämlich, unscheinbar, unkokett und sehr, sehr ernsthaft, vor allem aber von der Mutter gezeichnet, lebenslang schwer verwundet, seelisch invalid.

So, wie ich war, konnte ich nicht genügen, niemals. Wie denn müsste ich sein, um zu existieren?
    Die spätere Erschaffung der sogenannten Kunstfigur „Manon" war reine Überlebensstrategie.
    Heute, im Rückblick, kann ich das erkennen.

Dass die Eltern auch diese Figur nie anerkennen mochten, spielte längst keine Rolle mehr. In der Öffentlichkeit jedenfalls wurde sie wahrgenommen.
    Deshalb wohl brennt mir das Thema Identität immer noch und immer wieder unter

den Nägeln, wahrscheinlich bleibt es Lebensthema.

Die Journalistin schreibt in ihrem Nachwort zu *Einst war sie MISS RIMINI*, ich fotografiere mich zwar selbst, es handle sich jedoch nie um Selbstporträts.

Mir scheint, da irrt sie. Obwohl die Gestalt der Manon bewusst ausgespart blieb bei dieser neuen Arbeit mit verschiedensten Frauenfiguren, hatte ich nicht den Eindruck von Verkleidungen. Ich bin die Clocharde, die Psychiatriepatientin sowieso, die Gesellschaftsdame oder aber die in ihrer Resignation Gestrandete: Es hätte bloss einer ganz winzigen Änderung bedurft in den Gabelungen meiner Existenz.
 Als Schauspielerin wäre ich wohl der Typus, der nicht von aussen beobachtet, wie bewegt sich diese oder jene Person, sondern die entsprechenden Facetten in sich selbst sucht. Ich hätte wohl nur mich selbst spielen können.

Vielleicht sollte ich noch schildern, wie die Fotoserie zustande kam:
 Aufgrund von Zeichnungen und Notizen richtete ich während des Tages jeweils eine

der Frauen her, täglich eine andere Person mit ihrem imaginierten Schicksal als ehemalige Schönheitskönigin an der italienischen Riviera. Da wurden das Haar, die Kleidung, das Gesicht hergerichtet, es wurden die Gesten bestimmt, der Gesichtsausdruck, die Haltung.
    Öfters stellte ich Frauen dar, die älter schienen als ich selbst, und gelegentlich auch jünger. Doch für Eitelkeit war hier kein Platz.

Mein Ehemann arbeitete tagsüber in seinem Beruf, der mit Kunst nichts zu tun hat, abends dann ging es kellerwärts, Frascati-Haus, zweites Untergeschoss, Stativ und Kamera wurden platziert, ein mobiler Spiegel zur Kontrolle, meine Zeichnung liegt am Boden zwischen meinem Partner und mir als Darstellende. In der Regel arbeiteten wir die Nacht durch, und wenn wir Glück hatten, wussten wir gegen Morgen, ob das Bild „funktionierte", andernfalls wurde das Sujet in der folgenden Nacht wiederholt. Schlaf war in jenen Wochen, oder eher Monaten, nicht sehr angesagt, wir wurden täglich gereizter und stritten uns oft. Nach der fünfzigsten Figur waren wir beide psychisch und physisch am Ende. Zum ersten Mal fragte ich mich, ob unsere Beziehung solche Arbeits-Marathons heil überstehen könne.

Andererseits kann ich nur mit einem eng vertrauten Menschen arbeiten, denn ich hasse es zutiefst, fotografiert zu werden, ausser in Eigenregie. Jeder Berufsfotograf, der mich mal für eine Zeitung aufnehmen sollte, weiss das: Da geniere und ziere ich mich sehr.

Somit wüsste ich oft nicht, wie ich ohne meinen Gatten zurechtkommen sollte. Auch in technischen oder digitalen Belangen ist er versierter als ich, und auch viel geduldiger, und zudem überzeugt, dass die Arbeit getan werden muss.

Freunde meinten, es müsse für einen Mann faszinierend sein, abends nach Hause zu kommen, um täglich eine andere Frauenfigur vorzufinden. Doch mein Partner war jeweils viel zu müde, um diesen Aspekt noch geniessen zu können.

2. März
Morgens an der prallen Wintersonne im hübschen, neuen Café am See. Hort aller Hündeler. Die Namen der Menschen sind uns nicht bekannt, wohl aber diejenigen der meisten Hunde.

Zwei aufgeplusterte Amseln suchen unter der Schneedecke nach Fressbarem.

Anruf aus Bern. Mein Video aus dem Jahr 1977 mit dem Titel *Der Tod ist unser aller Gigolo*, nach einem Zitat von Jean Baudrillard, soll wieder gezeigt werden, dazu erscheint ein Katalog. Das war Anlass zu vielen Fragen vonseiten des Kunstmuseums.

    Der Gigolo als „ständiger Begleiter" älterer Damen, und öfters auch älterer Herren… In anderen Worten: Der Tod ist unser aller Gigolo. Ich fand damals, der Pariser Philosoph und Wortkünstler habe dies ausserordentlich hübsch ausgedrückt. Offensichtlich war mir der Tod schon damals Thema.

Hier fällt mir ein, dass eine italienische Kulturjournalistin, die ich in Genua kennenlernte und die nicht wenig über meine Arbeiten geschrieben hat, genau denselben Philosophen in einem Katalogvorwort zitiert mit dem Titel „Soggetto e oggetto, desiderio e seduzione nell' opera di Manon".

> *„Le sujet ne peut que désirer,*
> *seul l'objet peut séduire."*
>
> Jean Baudrillard

Mein erstes Kunstvideo ist beinahe statisch. Das ist kein Zufall, die Bewegung ist nicht mein Medium. Daher rührt wohl auch ein Teil meiner Widerstände gegenüber dem geplanten und bereits halbwegs begonnenen Film. Ach, dieser Film: Will ich ihn überhaupt? Braucht es ihn? Alles in mir sträubt sich dagegen.

Zurzeit gelingt es mir meisterlich, ihn zu verdrängen.

Hingegen erinnere ich, dass ich den Begriff „Gigolo" später erneut als Titel einer Arbeit eingesetzt habe, es war eine Installation. Diese war im Schaufenster einer Luzerner Galerie inszeniert, und zwar für die Nacht, einsehbar nur von der dunklen Strasse aus, in einem abgelegenen, unbewohnten, etwas unheimlichen Industrieviertel.

Im grossen Fenster zu sehen: ein ausgestopfter Wolf (aus dem Naturmuseum St. Gallen) an einer schwer von der Decke hängenden Eisenkette. Eine grosse Spiegelkugel am anderen Ende derselben Kette. Ein Bündel Liebesbriefe, aus meinem privaten Fundus. Die kleine Szenerie wurde von einem einzigen Spot recht dramatisch beleuchtet. Den Hintergrund bildete eine grosse Schiefertafel, worauf mit weisser Kreideschrift von Hand geschrieben stand:

für Chet Baker
und Jim Morrison
und Hervé Guibert und
Truman Capote
und Jacques Brel und
Urs Lüthi und Phi-
lippe Petit und Pierre
Clémenti und Jim
Jarmusch und Tom
Waits und Philip
Roth und Jean Cocteau

Nach Druck auf eine Klingel, die das Publikum von aussen bedienen konnte, erklang ganz unerwartet die überwältigende Stimme der Sängerin Ima Sumac in die Stille, Leere und Dunkelheit jenes Brachlandes.

Es war ein eisig kalter Abend bei strömendem Regen im Spätherbst. Zu Hause schon wusste ich: Dieser Anlass könnte der Tiefpunkt meiner bisherigen Künstlerlaufbahn werden. Kaum jemand dürfte zugegen sein. Das muss man erleben: Dass man im Vorneherein weiss, heute, heute Nacht werde ich wohl fast allein vor meiner Arbeit stehen. „Jetzt erst recht", sagte ich mir und richtete mich ganz besonders sorgfältig her – noch nie war ich so auffallend an einer Eröffnung erschienen.

Und tatsächlich: Ausser ein paar treuen Freunden und wenigen Manon-Fans unter grossen Regenschirmen war niemand da… und ich wusste: Es lag nicht am Wetter, nicht an der Lage – es lag an mir.

    Ich war derzeit nicht angesagt.
    Es hat mir nicht das Geringste ausgemacht.

Selten bleibt mir eine Schau so präzis im Gedächtnis, es ist, als wär's gestern gewesen: Ich höre das Hallen der Schritte und das Prasseln des heftigen Regens und dann, plötzlich, diese umwerfende Stimme. Es war eine intensive, gespannte Atmosphäre, mehr als bei manch erfolgreicher Eröffnung.

Seit Längerem beschäftigt mich eine weiter oben bereits angetippte Fotoserie, die ich mehrmals begonnen und wieder weggelegt habe, so geht das jedes Mal. Sie ist noch nicht ganz ausgereift, aber sie „arbeitet". Es gibt bereits Skizzen, Beschreibungen, Vorlagen.

    Ich überlege mir nämlich, ob ich mich bei dem Maskenbildner, der mir für die Krebspatientin bei den „Riminis" eine Glatze über das Haar gestülpt hat – es war die einzige Verwandlung, die ich nicht selbst herstellen konnte, und sie sah glaubwürdig aus –,
ob ich mich also bei diesem Fachmann einer

Frau-zu-Mann-Verwandlung unterziehen soll.
    (Übrigens zur Glatze: Als ich diesmal damit auf dem Rückweg ins Atelier war – ich bin ja kein junges Mädchen mehr wie seinerzeit in Paris mit echter Glatze –, war die Reaktion der Menschen völlig anders: Man schaute rasch und verschämt. Ob man eine Chemotherapie vermutete?)

Man könnte also eine Videokamera aufstellen und die langsame Veränderung filmen und ausserdem Schritt für Schritt fotografieren. Als „Mann" würde ich dann eine neue, von der letzten sehr verschiedene Fotostrecke kreieren, in diesen ganz typisch männlichen Posen, die ich so gut kenne: beim Sitzen, Stehen, Gehen, Gestikulieren… Mit dieser Arbeit würde das Identitätsthema quasi ad absurdum geführt. Das könnte mich reizen.
    Zuerst werde ich mal versuchen, ob ich diese Metamorphose selbst herstellen kann. Dazu habe ich grosse Lust.
    Ich sehe die Arbeit in Schwarz-Weiss.
    Müsste ich nun als Erstes meinen Pagenschnitt einem strengen Herrenschnitt opfern, wie ich ihn seinerzeit in Paris trug, gegen Ende meines dreijährigen Aufenthalts, für die zwei letzten dort entstandenen Fotoserien? *Elektrokardiogramm 304/303* hiess die eine,

Die graue Wand oder 36 schlaflose Nächte die andere. (Eins dieser Bilder ziert das Cover meines zweiten Buches bei einem Berner Verlag, und ich will gar nicht verschweigen, dass es einen Preis der „Schönsten Schweizer Bücher" erhielt.)

Das neue Projekt würde sich ja wohl über längere Zeit hinziehen.
    Ich bräuchte: Brustbandagen. Ein Unterleibchen mit eingenähten, organisch wirkenden Schulterpolstern. Herrenkleidung weitgehend von meinem Partner, der – ich ziehe Augenhöhe vor – nicht sehr viel grösser ist als ich.

Vorausgegangen war die Idee, unter dem Arbeitstitel „Gender Studies" zwei parallele Serien zu gestalten, die eine als Frau mit typisch weiblichem, die andere als Mann mit typisch männlichem Habitus.

Apropos Gender-Studies: Dieses Fach würde ich liebend gerne (weiter-)studieren. Die Uni Zürich bietet es nicht an, lediglich Freiburg und Genf sind so weit. Das ist mein Fach. Mein Thema.

Eine Kunstakademie hatte im letzten Winter einen Abend angeboten, bei dem ich unter obengenanntem Motto einen Bildabend gestaltete. Bereits wurde ich angefragt, dies im nächsten Jahr zu wiederholen, mit neuen Schülern.

3. März
Heute früh im Freien, inmitten prallen Sonnenscheins, ist mir ein Satz eingefallen aus einem meiner Lieblingsfilme, nach wie vor: *Down by Law* von Jim Jarmusch, 1986, inzwischen ein Klassiker. Der Italiener Roberto Benigni sagt ihn auf seine ganz unnachahmliche Weise zu zwei Mitinsassen in einer Gefängniszelle:

„It's a sad and a beautiful world."

In weisser Schrift auf schwarzer Wand, hinter meinem ganz in Rot gehaltenen Bett, in einer früheren Wohnung, hatte ich ihn aufgemalt. Ein Foto davon erschien in irgendeiner Zeitschrift, davor sassen, hübsch drapiert, mein Mann und ich. Den Zusammenhang erinnere ich nicht.
    Diesen wunderbar wahren und poetischen Satz will ich eines Tages in eine Arbeit integrieren, noch weiss ich nicht, wie und wo, aber ich werde es tun.

Fürs Erste lasse ich ihn auf einen silbernen Armreif gravieren.

Glück und Trauer stets so nah.
   Melancholie.
   Mail von einem langjährigen Freund in totaler Depression. Er schreibt, er habe „… keine Termine, keine Freunde, keine Pläne". Er sagt: „Es ist vorbei."

Lange Zeit, eigentlich lebenslang, hatte ich mich heimatlos gefühlt. Nirgends zugehörig. Ausserhalb von allem. Erst heute, nach vielen Jahren, scheine ich einen Platz zu finden in dem, was man Kunstszene nennt. Und dereinst vielleicht einmal Kunstgeschichte.

Soeben erfahren, dass Elena F. gestern gestorben ist. Der Todeskampf hat eine Woche gedauert.

Unmittelbar nach dem Sterben meines Vaters legte ich mich zu ihm aufs Bett, in seine Arme, wo ich nie zuvor gelegen hatte. Tränenüberströmt brach alles aus mir heraus, was mich jahrelang gequält hatte: die vergebliche Sehnsucht danach, wahrgenommen zu werden, angenommen zu werden. Die immer wiederkehrende Enttäuschung über seine Interesselosigkeit an mir als Tochter, später als Person, noch später als Künstlerin. Sobald Probleme auftauchten, wurde ich entfernt. Ins Kinderheim erst, in eine auswärtige Schule dann (unvergesslich ein Händedruck, von ihm, der mich nie berührt hatte, am Bahnhof), und mit 17 Jahren dann für lange Monate in eine Psychiatrische Klinik. Danach kehrte ich nie mehr nach Hause zurück.

Probleme wurden ausgelagert.

Nie hatte er erfahren, wie sehr die Mutter mich – an seiner statt, denn ihn offen abzuweisen konnte sie sich nicht leisten – abgelehnt hatte. Sie fand mich hässlich.
 In seinen letzten Jahren, als er im Begriff war, den Verstand zu verlieren, habe ich mich – ohne dass er das noch hätte wahrnehmen können – langsam mit ihm ausgesöhnt und war für ihn da.
 Ich lernte das Verhalten der Eltern einzuordnen in ihre eigene Geschichte. Nach ihrem Tod habe ich zum ersten Mal ein Foto von ihnen in unserer Wohnung aufgestellt.
 Heute bin ich von schlechten Gefühlen frei. Dies gibt mir einen Frieden, der mir jahrelang gefehlt hatte.

Der Gerechtigkeit halber muss ich hier beifügen, dass ich keines der Bücher meines Vaters gelesen habe. Es sind wissenschaftliche Werke über wirtschaftspolitische Zusammenhänge, deren Inhalt mir fremd ist.
Am berühmtesten ist wohl sein Buch *Der arme Süden und der reiche Norden* geworden, ein Standardwerk. Nach seinem Tod habe ich die Bücher in unserer Wohnung aufgeschichtet zu einer kleinen Installation und unter einen Glaskubus gelegt, als kleine Hommage.
   Wenn ich als Kind nach dem Beruf des Vaters gefragt wurde, sagte ich jeweils: „Er ist nationaler Könom", so hatte es sich angehört.

Letzthin am Fernsehen ein Film über den sehr alten Charlie Chaplin. An seinem 85. Geburtstag im Interview, müde, gezeichnet, hinreissend: „Langsam kommt der Tod. Und das Leben ist so schön."

Heute Abend wird uns eine Bekannte, ihres Zeichens Frau Professor, Lehrerin an einer Kunsthochschule, ihre alte Katze, ein zartes, schwarzes Tier mit bernsteinfarbenen Augen, zum Hüten bringen, denn sie fährt für ein paar Tage weg. Da seit dem Tod von Gigolo und Lulu nur noch drei Katzen den Haushalt mit uns teilen, habe ich ihr das angeboten.

Sie hat mir erzählt, dass sie in ihrem ganzen Leben, obwohl einmal verheiratet, nie mit einem Mann zusammengewohnt habe. Sie sei auch jetzt, mit sechzig Jahren – sie sieht aus wie fünfzig – partnerlos und auf der Suche. Sobald ein Mann sie aber als Intellektuelle wahrnehme, werde sie nicht mehr als Frau gesehen!

Sie wolle jedoch unter allen Umständen noch eine Partnerschaft aufbauen. Ausserdem strebe sie eine Frühpensionierung an, damit sie sich endlich als Künstlerin beweisen könne.

Da wird mir bewusst, was für ein Glück ich habe, dass ich, erstens, fast nie ohne einen mir gut gesinnten Menschen war und, zweitens, mein Leben als Künstlerin stets realisieren konnte. Sicher hat häufig das Geld gefehlt, aber irgendwie habe ich meine Projekte stets ausgeführt.

Es gab eine Zeit, da habe ich gegen gutes Honorar Männer in Frauen verwandelt und daraufhin mittels Polaroid fotografiert. Diese „Frauen" sind unter meinen Händen so schön geworden, dass es noch extra

Trinkgeld gab, als „Transformatorin" bin ich die Beste.

Oder ich bin in Paris einmal in einem Schwulenlokal auf kleiner Bühne als Transvestit aufgetreten.
    Dann bin ich, ja, gelegentlich mit reichen Männern ausgegangen, die sich mit einer ungewöhnlichen Frau (mit kahl rasiertem Kopf) zeigen wollten. Ein sehr berühmter Kunstsammler war dabei, ein damals in Paris, heute in Deutschland lebender Mann, der eben seine Sammlung dem Museum einer deutschen Stadt vermacht hat. Als Künstlerin hat er mich nicht wahrgenommen, wohl aber als Frau, als exotisches Menschen-Exemplar.
    Doch damit war ich vertraut.

Die Kunstlehrerin hatte ich anlässlich einer gemeinsamen Ausstellung kennengelernt und mag sie. Sie ist intelligent, hübsch, einsam, ja mehr als das, sie hat keinen einzigen vertrauten Menschen.
    Das ist hart.
    Sie fragt mich, ob ich LSD-Erfahrung habe, ob ich sexuelle Erfahrung auch mit Frauen habe, ach, neugierig war ich immer schon, ob ich mich als Feministin verstehe, sowieso, seit jeher.

4. März
Die Kätzin ist da. Die Sache scheint jedoch nicht ganz so einfach, und es wurde uns eine schlaflose Nacht beschert. Doch für Katzen habe ich ein gutes Händchen.

Ach, Katzen. Die Jüngste meiner Schwestern, einsam gestorben mit zu Fäusten geballten Händen, den Mund zusammengepresst, das Gesicht im Schmerz verzogen. Das kleine Zimmer dicht an der Strasse düster, aber ihr Kater, dieser grosse, ängstliche, freiheitsliebende Geselle mit rotgestreiftem Fell, der stets aus dem Parterrefernster sprang, wenn Besuch kam, liegt ausgestreckt auf ihrem Leib und ist nicht wegzubewegen, stundenlang, einen ganzen Tag und eine ganze Nacht. Mit Gewalt hat man ihn entfernen müssen, um die Leiche wegzubringen.

Man hat mir gesagt, er sei eingeschläfert worden.

In einer Stunde werde ich den Filmer treffen zu einer weiteren Besprechung, nachdem ich ihm folgendes Mail geschickt hatte:

„Je länger ich über uns und den Film nachdenke, umso mehr stellt sich bei mir das Gefühl ein, dass wir beide uns bisher nicht recht nähergekommen sind. Deshalb will es weder mir noch dir gelingen, Filmfantasien zu entwickeln. Vielleicht habe ich dich nie wirklich ‚berührt'? Wäre dieses Berührtsein von Mensch und Werk nicht Grundbedingung für eine Zusammenarbeit? Mich dünkt, unsere wenigen und kurzen Begegnungen seien an der Oberfläche stecken geblieben, seien nie wirklich in die Tiefe gegangen.

Nach wie vor bleibt mir auch das Gefühl, du hättest den Kopf vielleicht noch anderswo. Beispielsweise war ich total verblüfft, dass du bisher nie in irgendeiner Bibliothek meine Monografie angeschaut hast, ja, sie gar nicht gekannt hast. Nie hast du nach meinen bisherigen Arbeiten gefragt, ich weiss bis heute nicht, ob dir mein Werk geläufig ist oder nicht, eher nicht? Nie beispielsweise Fotos anschauen wollen aus der Zeit, als ich noch ein junges Modell war, oder aus der Zeit, als die hiesige Presse mich zu ihrem Skandalobjekt machte. ‚Wäre Manon in einem früheren Jahrhundert geboren, hätte man sie als Hexe verbrannt', schrieb eine Zeitschrift wörtlich als Untertitel zu einer mehrseitigen Reportage. Das wäre doch vielleicht berichtenswert, oder, oder… Könnte es sein, dass du bisher keine Zeit zum Recherchieren hattest?

Das ist übrigens genau das, was ich dem Derrida-Film vorwerfe, den du zuvor gedreht hast. (Inklusive einer lieblosen Kamera-

führung.) Das Team ist dem Menschen innerlich nicht nah gekommen. Es dachte wohl, wenn man Jacques Derrida im Alltag auf Schritt und Tritt filmen würde, würde sich ein Verständnis für ihn und insbesondere auch für sein Werk schliesslich einstellen, aber das ist nicht geschehen. Eben weil man gegenseitig keine Nähe schaffen konnte.
Dies hätte aber, finde ich, gelingen müssen, und auch gelingen können. Sonst ist ein Film – meiner Ansicht nach – recht überflüssig, findest du nicht?

    Dies sind im Moment meine Gedanken zum Film. Sollten wir wirklich beschliessen, die nächsten Monate zusammenzuarbeiten, müssten wir uns aber ziemlich heftig zusammenraufen, oder?

    Es kann auch sein, ich vermute es sogar, dass wir völlig verschiedene Bilder haben von einem möglichen Film. Ich wünsche mir magische Bilder, Verführung, Geheimnis, Farben, Geschichten, speziell inszenierte Szenen, die vielleicht auf bisherigen Arbeiten von mir basieren, ich denke zum Beispiel an *The Artist is Present* von 1977 in Luzern oder *Sentimental Journey,* 1979 in Amsterdam, um nur deren zwei zu erwähnen…

    Und du? Wie siehst du das Ganze?
    Herzlich, Manon"

Der Filmer hatte mich in den Streifen über den französischen Dekonstruktivisten geschickt, um mir zu zeigen, wie wir selbst vorgehen könnten, weil er meint, der Philosoph Derrida habe der Filmequipe dieselben Widerstände entgegengesetzt wie ich, und genau dies könne, ja müsse man zum Thema machen.
So weit, so gut.

In meinen Augen war es trotzdem kein guter Film. Mir schien, die Crew hatte punkto Form, Licht, Bildausschnitte und selbst Dramaturgie keinerlei Ambitionen, sie wollte einen reinen Dokumentarstreifen, und ich wusste daraufhin eines ganz sicher: So sehe ich „unseren" Film nicht!

Wir sitzen draussen im Garten des kleinen Restaurants an der Sonne, fast wie im Winterkurort. Der Filmer wie immer gut gelaunt, nie beleidigt, aufgeschlossen, freundlich. Unser Gespräch verläuft erstaunlich positiv, zum ersten Mal fühle ich mich heute richtiggehend beschwingt und ein Stück weit gut verstanden.

Doch, ich denke, wir werden es versuchen.

5. März
Neuschnee. Eine Doppelspur schon vor der unseren: ein grosser Mann mit grossem Hund, dieser scheint die Route bestimmt zu haben.

Das Lokal mitten im Park gut geheizt, rundum Schnee, der Anblick zauberhaft. Wie immer viele Hunde mit ihren Menschen, man grüsst sich.

Ich notiere mir im Geist, und das mache ich ab und zu, wie viele Neuheiten in den letzten Jahren meine persönliche Lebensqualität auffallend verbessert haben. Es sind unzählige. Dieses neue Glashaus im Grünen jedenfalls gehört dazu. Wo sonst kann man mitten im Winter, mit Blick auf See und Bäume, zum Morgenkaffee an der Sonne sitzen?
 Nicht wegzudenken ist selbstverständlich der Computer, und ich will gar nicht verschweigen, dass ich dazu einen Kurs besucht habe. Ich beneide die Kinder, die gleich damit aufwachsen. Ohne Computer jedenfalls würde ich diese täglichen Anmerkungen bestimmt nicht machen, und der Suchmaschinen-Erfinder ist ein Genie. Auch alle anderen Möglichkeiten sind ganz unverzichtbar geworden, ihn anzustellen wie bei den meisten der erste frühmorgendliche

Handgriff. Bei auftretenden Problemen allerdings bin ich auf die Hilfe meines Gatten angewiesen... Was nicht selten für Unmut sorgt.

Vor ein paar Jahren kam die Digitalkamera dazu, ein kleines Wunderwerk. Ich bin fast froh, dass es sie in meiner Jugend nicht gab, denn das Fotografieren ist so unkompliziert geworden, dass ich heute auf viel zu vielen Bildern sässe.
    Zudem fällt das Entwickeln der Filme weg und das anschliessende zeitraubende Studieren der Kontaktbögen mithilfe diverser Lupen. Daran erinnert sich schon keiner mehr.
    Dann das Kickboard: ab Frühling bis im Spätherbst mein bevorzugtes Fortbewegungsmittel, täglich in Gebrauch, und es macht Spass! Für meine herzkranke, inzwischen verstorbene Kleinhündin wurde eine kleine Kiste vorne auf das Board geschraubt, fröhlich setzte sie sich hinein, und auf diese Weise wurde sie überallhin mitgenommen. Dieses Gespann wurde die kleine Sensation des Quartiers.

Für mich eine der wichtigsten Neuheiten aber war die Eröffnung einer Sauna direkt am Wasser, gleich vis-à-vis von unserem Wohnhaus.

Nicht der Sauna wegen, diese benutze ich eher selten, sondern weil mir dadurch die Seebadeanstalt auch im Winter von morgens um sieben bis abends spät offen steht.
Seit ich da Mitglied bin, geht's fast täglich kurz über die Strasse. Meist im weissen Frotteemantel, die Zeitung unter dem Arm, trinke ich auf der Terrasse meinen zweiten Kaffee mit Blick auf die Wellen, und anschliessend folgt eine Abkühlung mit ein paar Tauchern oder gar Schwimmzügen im eisigen See. Der Körper wird daraufhin siedend heiss, das Herz schlägt bis zum Hals, und ich bin von Kopf bis Fuss in meinem Leib wunderbar zu Hause. Manchmal nachts kurz vor der Schliessung gegen 22 Uhr, nach einem hektischen Tag, als kleine Zäsur zwischen Arbeit und Freizeit eintauchen in das kalte Wasser, und jede Anspannung fällt ab.

 Im letzten Jahr habe ich mir diese winterliche Badeanstalt zu eigen gemacht, mich in einer der hölzernen Garderoben eingenistet mit Taschenlampe, Wolldecke, Badetüchern, Zeichenblöcken und Stiften und so weiter, sogar einen Spiegel habe ich montiert, und die obere Terrasse ganz rechts aussen gehörte mir ganz allein. Sie wurde quasi mein persönlicher Wintergarten.

Inzwischen ist der Zugang nicht mehr erlaubt.
Doch „meine" Kabine ist des Spiegels wegen in der Badesaison die bevorzugte Kabine mancher Besucherin geworden.
Voilà, zurück zum Thema:
Ich glaube fast, die Liste ist vollständig. Bestimmt werden weitere erfreuliche Dinge folgen. Ich bin gespannt und werde sie freudig nutzen.

Oh, das Handy.
Da fällt mir eine hübsche Geschichte ein, von ihr selbst erzählt: Bei meiner Grossmutter, einer jungen Bauersfrau, wurde – das war vor sehr, sehr langer Zeit – zum ersten Mal ein Telefon installiert. Als es dann klingelte, sagte sie: Oh, ich muss erst meine Schürze ausziehen.

Also, dieses praktische Ding gehört verblüffenderweise nicht zu den Utensilien, die in meinem Leben viel verändert hätten. Kaum jemand hat meine Nummer, denn wenn ich ausser Haus bin, will ich nicht angerufen werden. Für mich kam es zu spät. Früher hätte ich es gebraucht, und zwar dringend, als ich mich, als Entzugsfolge, mit Klaustrophobie und Agoraphobie herumschlug, Angst vor dem Überqueren von Plätzen, Angst

vor öffentlichen Verkehrsmitteln, zu Beginn
sogar Angst davor, das Haus weiter als
hundert Meter zu verlassen. Angst vor der
Angst schliesslich, da hätte ich die Möglichkeit
gebraucht, jederzeit ein Taxi oder meinen
Ehemann anzurufen.

Doch Ängste sind hartnäckig. Sie finden in
jeder Lebensphase ein Thema.

Da erinnere ich, Jahre zurück: Burghölzli.
Mein Hausarzt bringt mich persönlich
in seinem privaten Auto ohne Voranmeldung
in diese Anstalt.
    Ich werde eine Schlafkur bekommen.
    Der Raum hiess Wachsaal.

Eines fernen Tages werde ich, falls mir ein
sehr grosser Raum zur Verfügung steht,
eine Installation einrichten unter diesem Titel.
Denn die Erinnerung an jenen Raum, wo ich
schliesslich eine seitliche Nische zum Schlafen
zugeteilt bekam, ist noch immer glasklar,
wenngleich sie in der Arbeit wohl transfor-
miert wird.

6. März
Noch mehr Schnee. Dieselbe Spur schon früh
am Morgen, grosser Mann mit grossem Hund.

Gestern die Ausstellung dieses rundum verehrten Künstlers, mit dem ich in der
welschen Schweiz liebevoll verbunden war.
Eine Installation.

    Zu viel, zu viel. Von allem zu viel. Eine sehr
maskuline Schau, mit grosser Kelle angerichtet.

    Ich bin unberührt geblieben.

    Die Fotografen drängen sich um ihn,
alle wollen ihn aufs Bild bekommen, und noch
lieber, wenn ich auch dabei stehe.

    Übrigens hatte mich bereits die vorherge-
hende Arbeit, eine pompöse Neon-Installation,
sehr beeindruckend, sehr gross, sehr teuer,
kalt gelassen.

    Das ist es nicht, was ich von Kunst erwarte.

    Das ist Formalismus.

    Ich will Verbindlichkeit.

    Nichtsdestotrotz sehe ich an meiner Pinn-
wand Fotos von weiteren Werken, die ich über
alles liebe, und den Erschaffer mag ich sowieso.

Heute am Bellevueplatz eine Taube in raben-
schwarzem Gewand, als trüge sie Trauer.
Überhaupt besitzen diese Tauben neuerdings
besonders hübsche Kleider. Die eine ganz
Coco Chanel, eine andere, der ich am Quai
immer wieder begegne, trägt ein malven-
farbenes Cape. Dann gibt es dunkle Tauben
mit schneeweissem Schwanzfächer und

tweedartig gesprenkelte. Nicht alle sind symmetrisch gezeichnet, wie man vermuten möchte. Eines der Federtiere in Dunkelgrau besitzt einen Flügel mit scharf gezeichnetem weissem Rand, der andere Flügel ist uni gehalten. Ich vermute, dass ein paar Zuchttiere die Freiheit gewählt haben und sich nun fröhlich mit unseren grauen Stadttauben paaren. Das ergibt ganz wunderbare Kombinationen.

Eine sitzende Möwe fotografiert, die nur noch ein Bein besitzt, ihr Gleichgewicht hat nicht gelitten.

Wie froh bin ich über diese Verbindung zu allem Lebendigen.
    Früher habe ich so vieles übersehen.

Heute Abend wird die alte Katze abgeholt. Ich werde sie ein klein wenig vermissen. Es war schön zu sehen, wie rasch sie Vertrauen gewonnen und sich in unsere Rituale eingefügt hat.

Altern: Gewiss war ich die auffallendste Erscheinung am kürzlichen Podiumsgespräch, unter nicht wenigen eitlen Menschen, mich eingeschlossen, und Vorlage für diverse Fotos.

Doch da sass im Publikum dieses bezaubernde, ganz unbefangene junge Mädchen.
So bezaubernd, so unbefangen war ich nie.

Unterhaltung mit einer Journalistin meines Alters, die keine Frauen mag. Sie durchschaut nicht, dass sie damit auch sich selbst abwertet.

Ein mir bekannter Zürcher Künstler schaut mich an und findet mich „schön wie eh und je", in diesem Moment giesst seine Frau ihre Suppe über ihr Kleid und über den Tisch und in ihre Handtasche hinein, Renée Zellweger hätte das in *Bridget Jones's Diary* nicht besser hingekriegt.
Die Sehnsucht nach Zärtlichkeit übertrifft noch die Sehnsucht nach Sex. War das schon immer so?

Beim Frühstück meinem Ehegatten, im Zusammenhang mit einem heutigen Zeitungsartikel, einen feministischen Vortrag gehalten, wie ich das ab und zu nicht lassen kann: „Warum Männer sich erhöhen, indem sie möglichst schöne und nicht etwa möglichst intelligente Frauen heiraten, warum Frauen wiederum sich gerne mit erfolgreichen oder wohlhabenden oder berühmten Männern schmücken. Warum Männer nicht auf Augenhöhe blicken wollen bei der Wahl ihrer Partnerin, sondern die Sekretärin der Chefin vorziehen. Warum Frauen unter diesen Umständen so wenig motiviert sind, sich ein Stück Macht und Einfluss zu erobern, wofür auch? Warum Frauen sich oft selbst so gering schätzen, nachdem sie diesen männlichen Blick verinnerlicht haben, ohne das aber zu durchschauen. Man identifiziert sich lieber mit dem „Starken". Und so weiter und so weiter. Mein armer Partner.

Ich hatte mir stets genommen, was ich haben wollte. „Was ein Mann kann, kann ich auch." Oder präziser: „Die Freiheiten, die ein Mann sich nimmt, die nehme ich mir erst recht."

Mein privates Leben ist heute davon glücklicherweise wenig betroffen. Und zudem wüsste ich nicht, wie ich ohne Mann leben sollte.
   So ist das.

Beruflich hingegen sieht es etwas anders aus: Ich bin überzeugt, dass ein männlicher Künstler mit einem Werk vom Umfang des meinen heute bekannter wäre. Er wäre von Anfang an ernster genommen worden. Bei mir hat man stets zuerst, wie Männer das seit jeher und noch immer und wohl für alle Zeiten tun, die Frau gesehen und erst danach die Arbeit. (Es wäre so schön, wenn beides gleichwertig nebeneinander Platz hätte.) Ich habe die ganzen Jahre gewusst, dass ich erst ein Neutrum werden muss (wie es Meret Oppenheim geschah), ehe man sich meiner Kunst ernsthaft annehmen wird. Bloss: Noch habe ich nicht die geringste Lust darauf, meine Weiblichkeit zurückzustellen, noch bin ich eine Frau, verdammt noch mal.

    Der französische Soziologe Pierre Bourdieu sagte 1998 in einer seiner letzten Arbeiten über die männliche Herrschaft wörtlich:

„Frauen geraten in ein spezielles Dilemma: Handeln sie wie Männer, verlieren sie – in deren Augen, wie in den eigenen – ihre Weiblichkeit. Handeln sie jedoch wie Frauen, haben sie immer schon verloren."

Was für ein Satz! Was für ein Satz! Man sollte ihn wieder und wieder lesen! Jeder und jede von uns.
    Bloss: Was nun? Wie weiter?

7. März
Zahnarzt.
    „Mordre la vie à pleine dents",
    sagen die Franzosen.

Am Fernsehen – grossartig! – ein Interview mit dem etwas über sechzigjährigen, in Fréjus lebenden früheren französischen Verteidigungsminister François Léotard, der sich, freiwillig, ganz aus der Politik zurückgezogen hat. (In Frankreich kann man in diesen Ämtern sehr alt werden!)
 Man spürt, wie ratlos der Interviewer dieser Tatsache gegenübersteht.

Er habe, so sagt Léotard, die Mechanismen dieser Sucht nach Macht und Einfluss, bei der den Männern das Leben abhanden komme, durchschaut. *Le bas-fond*, der Bodensatz, auf dem die Politiker agieren, ist sehr dunkel, tötest du mich nicht, töte ich dich.

Was ist das für ein Leben, fragte er sich, wo du die Jahreszeiten übergehst, die Vögel nicht singen hörst, deinem Garten keine Aufmerksamkeit schenkst, keine Zeit hast, Musik zu hören und alle diese Bücher zu lesen, die dich interessieren würden. Wie viel mehr wert sei ihm heute ein Spaziergang am Fluss mit seinen Hunden*, la contemplation*, einfach „sein".
Da fällt mir ein Foto ein, in *Paris Match*, aufgenommen am Morgen nach seiner Wahl: Léotard geht in Pyjama und Pantoffeln frühmorgens rasch um die Ecke, um Croissants

und die Zeitungen zu holen, wie er das bisher wohl täglich gemacht hatte. Nicht bedenkend, dass ihm nun ein Dutzend Fotografen auflauern würden.

    Der Mann hatte mir damals schon gefallen!

Gestern vor neun Jahren ist das Leben meines Ehemanns aus den Fugen geraten. Eine ältere Fahrerin rammte von hinten sein Auto. Die Schmerzen seines Schleudertraumas haben bis heute nicht nachgelassen. „Damit wurde mein Leben zerstört", sagte er gestern bei unserem Nachtspaziergang, und dies ist das allererste Mal, dass ich von ihm einen solchen Satz zu hören bekam. Und doch kenne ich niemanden, der aus einem so negativen Ereignis schliesslich so viel Positives herausgeholt hätte. Da er in seinem angestammten Beruf nicht mehr arbeiten konnte, hat er ihn gewechselt und zudem ein Studium aufgenommen, dieses in Rekordzeit durchgezogen, es fehlt nur noch die Dissertation.

    Und so kommt es, dass jeder von uns, und zwar jeder für sich, obwohl „in mittleren Jahren", wie wir das gerne nennen, denn er ist einiges jünger, fleissig auf die Zukunft hin arbeitet. Ich plane neue Ausstellungen, ein Buch, er plant womöglich seine Dissertation. Mir ist es egal. Wäre er Gärtner oder Koch, wäre mir das ganz genauso lieb. Menschen, die mit Pflanzen und Tieren umgehen können, die kochen können, beweisen Sinnlichkeit. Und übrigens ist er ein ausgezeichneter Koch.

8. März
Es schneit.
    Heute haben wir uns alle gewogen. Die Französin wiegt fast drei Kilogramm mehr, als sie damals im Pariser Tierheim wog. Das ist zu viel. Schlanke Hunde leben länger. Der Junghund wiederum wiegt noch so wenig, dass ich ihn in einer Hand halten kann. Ein Handschmeichler.
    Ich selbst wiege derzeit ebenfalls ein paar Kilogramm mehr, als mein Zielgewicht betrüge. Masshalten war eben nie meine Stärke.
    Auch in jenem Winter, in dem ich mit den Aufnahmen zu den „Riminis" begann, war ich ziemlich üppig. Auf den ersten Fotos Anfang Januar trug ich daher die voluminösen Pelzmäntel meiner gross gewachsenen Freundin. Im Sommer dann, in jener grossen Hitze, als die leichten Kleidchen und der Badeanzug an die Reihe kamen, und erst recht bei den Akten war ich wieder rank und schlank. So geht das nunmehr Jahr für Jahr.

Der 8. März ist Frauentag! Wie lächerlich! Wer sind wir denn, was für eine seltene Spezies, dass man auf uns aufmerksam machen müsste? Geradeso gut könnte man einen Tag für die Schafe, die Ziegen oder die Lamas ausrufen. Aber aufschlussreich ist die Sache doch, denn so lange es nicht ebenfalls einen Männertag gibt, stimmt etwas nicht zwischen den Geschlechtern.

    Es gibt so manches, was ich den Männern wünschen würde, diesem angepassten und hierarchisch denkenden Geschlecht. Dass sie ihr Korsett, das sie sich ganz selbst angezogen und zugeschnürt haben, etwas lockern könnten, das da heisst: erfolgreich sein, stark, überlegen und jeder Lage gewachsen, und ausserdem noch möglichst gut verdienend. Ein Krieger, ein Kämpfer, ein Sieger.

    Nein, dieses Leben wünschte ich mir nicht.
Ich schreibe Leserbriefe.

9. März
Gestern an der Tramhaltestelle, inmitten geschäftiger Menschen, eine kranke oder verletzte Taube, unfähig, arglosen Füssen auszuweichen. Was sollte ich tun? Hätte ich eine Schachtel bei mir, könnte ich sie zum Tierarzt bringen. Doch unser Tierarzt, ein sehr netter Mensch aus dem Ostblock, würde

mich auslachen, er hat in seinem Leben ganz
andere Nöte gesehen.

Mit schlechtem Gewissen habe ich mich
davongemacht.
    Heute war sie nicht mehr da.

Zu Hause stelle ich mir folgende Aufgabe:
endlich *tabula rasa*, also Ordnung auf meinem
grossen roten Arbeitstisch schaffen. Das
heisst, alle Skizzen und Notizen und Zeichnungen für irgendwelche Projekte – das sind
Stösse von Papier zu Installationen, zu Fotoserien und zu allen möglichen und unmöglichen weiteren Ideen – sortieren und ablegen.
Meine Post erledigen. Platz schaffen für die
zwei unmittelbar anstehenden Projekte.
Ich kann damit erst wirklich beginnen, wenn
alles andere vom Tisch ist. Im Kopf arbeitet
es längst.

Ich stosse dabei jeweils auf Notizen zu Unternehmungen, die längst erledigt sein
müssten, wie zum Beispiel ein überfälliger
Besuch in einem Regierungsgebäude,
zurzeit sind dort Picasso-Grafiken ausgestellt, und mein Verleger würde da gerne
eine Ausstellung von mir platzieren. Das
hatte ich komplett vergessen.

In meinem Atelier im Sous-Sol steht ein mannshohes turmartiges Möbel mit vierzig aufeinandergestapelten A4-Schubladen. Darauf Etiketten mit Stichworten wie: Pendenzen. Zu erledigen. Dringend!

So weit, so gut. Dann aber:

>   Tote Hunde.
>   Hypochondria.
>   Die Zwillinge.
>   100 Jahre Schlaf!
>   Installation Tanzbär.
>   Rettungsdienst.
>   A man's world.
>   Absolutely.
>   Petite Fleur.
>   Die russische Tänzerin.
>   Bav – buch (?).
>   M.e. (?).

Sowie:

>   Stempelentwürfe.
>   Kostümentwürfe.
>   Ideen Bücher.

Oder:

    Titel.
    Sätze.
    Texte.
    Show-Ideen.
    Environments.
    Performances.
    Objekte.

In solchermassen beschrifteten Laden verschwinden die Arbeitsskizzen dann, zumeist für immer, da bleiben sie liegen und werden vergessen. Denn 90 Prozent der Ideen werden nie ausgeführt. Zudem gibt es da noch diese braunen Ablageschachteln, bestimmt ein gutes Dutzend, die dieselbe Funktion erfüllen. Sie sind prallvoll, seit Jahren, durchgesehen werden sie nie.

10. März
Der Schnee vor dem Haus ist weg, fast bedaure ich das, aber der Hügel vis-à-vis noch weiss. Schon morgens um acht die ersten Sonnenstrahlen. Gerade eben fliegen drei Enten dem Seeufer entlang. Es folgen fünf Möwen in staffelartiger Formation, und ein erster Sperling holt sich bei mir sein Futter. Am 21. März soll der offizielle Frühling beginnen.

Soeben im Park wieder dieses fast überwältigende Glücksgefühl. Da ist ein Gezwitscher in Bäumen und Hecken, und auch das Käuzchen meldet sich schon seit Tagen. Die Pariserin, plötzlich übermannt von grosser Lebenslust, rast auf der Wiese im Kreis, dicht gefolgt vom jungen Hund.

Täglich geht mein Blick in die Höhe zum langsam wachsenden Nest der Rabenvögel. In der Zwischenzeit habe ich ein zweites Nest entdeckt, so gut getarnt, dass es kaum zu finden war. Wenn ich die Tiere beim Fliegen beobachte, von Baumkrone zu Baumkrone, werde ich für einen kurzen Moment selbst zum Vogel und fühle mich schweben. Dann gibt es keine einzige offene Frage mehr.
    Alles ist so, wie es ist.

Mit Staunen nehme ich wahr, dass ich dieses Jahr von der Winterdepression ganz verschont geblieben bin. Vielleicht ist dies überhaupt die glücklichste Zeit meines Lebens?
    Wenn ich das früher gewusst hätte: Die Schönheit nimmt ab, aber das Glück nimmt zu.

Da ist wieder diese mir so lange Jahre fremde innere Ruhe.

Vielleicht könnte man es auch Liebe nennen?
Liebe zu allem Lebendigen.

Seit ein paar Jahren schon habe ich gelernt, kleine Quellen des Wohlbefindens zu kultivieren, und zwar solche, die von Menschen unabhängig sind. Bücher, der Blick auf das Wasser, die Natur, die Gesellschaft von Tieren.

Tiere können einem schwierigen Leben die Härte nehmen.

Früher hat mich meine Unrast die Geliebten wechseln lassen, in rascher Folge. Jeder Mann, der etwas Ungewöhnliches an sich hatte und mir deshalb gefiel, wollte erobert sein. Später, als Aids ein ernsthaftes Thema wurde, und ich zudem neu verheiratet war – und noch bin – mit diesem ganz speziellen Mann, wechselte ich stattdessen öfters die Städte, und noch später (mit ihm zusammen) die Wohnungen. Selbst hier, innerhalb des Frascati-Hauses, wurde noch vom ersten Stock in den zweiten gezügelt, und dann wieder zurück in den ersten, aber in eine andere Wohnung. Diesmal in die Rundung des Hauses, wo jetzt zwei üppige Bäume hinter dem Fenster mein grosses Bett einrahmen.
    Hier wollte ich von Anfang an hin.

Es kommt mir vor, als sei ich mein Leben lang gerannt! Davongerannt. Hinterhergehetzt. Atemlos.

Heute wird Elena F. beerdigt.
　Ich werde nicht dabei sein, denn wir blieben uns fremd. Ihr Sohn war kurz nach der Matura gleich bei mir eingezogen.
　Hans war sein Vorname. Ich nannte ihn alsogleich Salamander, weil er so wandlungsfähig war.
　Bei diesem Namen ist es geblieben,
bis heute.
　Mit ihm zusammen begannen meine wildesten Jahre. Sieben an der Zahl. Ich möchte sie nicht missen. Allerdings, die Geschichte mit den Drogen, am Ende dann – Themenwechsel.

Die Beerdigung meines Vaters – und auch diejenige meiner Mutter ein paar Jahre zuvor – habe ich kaum im Gedächtnis behalten,
die Gräber später nie besucht.
　Ich sehe aber noch meine jüngste Schwester vor mir an diesem Anlass, fahlgelb im Gesicht. Ich wusste, sie würde nicht mehr lange leben.

„Sterben ist schwer", soll sie gesagt haben kurz vor ihrem Tod. Diesen Satz habe ich nie mehr vergessen. Sie war noch so jung.

Manchmal denke ich, wenn sie das geschafft hat, werde ich es wohl auch schaffen, später, später, eines Tages, wenn es so weit ist.

Mein Vater sagte, seine Frau habe sich mithilfe von Medikamenten umgebracht. Sie hatte ihn weggeschickt, bei seiner Rückkehr war sie tot.
    An ihrer Stelle hätte ich das möglicherweise auch getan.
    Es wurde nicht untersucht.

Ich erinnere, wie sie – ich war da noch ein Kind – im Schlafzimmer vor ihrem halb geöffneten Schrank stand und in einen rosafarbenen Unterrock schlüpfte. Danach stellte sie eine Fussspitze auf die Unterseite des Doppelbettes und begann mit langsamen Handbewegungen ihr rechtes Bein zu massieren, indem sie fast zärtlich von unten nach oben strich, anschliessend folgte das linke Bein.
    Ich glaube, sie liebte ihren Körper.
    Sie galt als schöne Frau.

Die Tauben, schon wieder, was soll ich machen? Liegt das daran, dass diese vielgestaltigen Stadtbewohner erst in der letzten Zeit durch meinen Wahrnehmungsfilter gedrungen sind? Eine ganze kleine Welt! Verpasst!

    Es soll Taubenhasser geben.

    Wie froh bin ich, die Stadt mit anderen Lebewesen zu teilen.

An der Tramhaltestelle also war ich vertieft in den Anblick eines Federkleides, das so exzentrisch gezeichnet war, dass Picasso seine helle Freude gehabt hätte. Ich versuchte, mir das Dessin einzuprägen, um es später hier zu beschreiben.

    Da rast mit Sirenengeheul ein Notfallwagen vorbei, und weg ist der Vogel. Später eine Durchsage: Unfall (sie nennen es Kollision) am Bahnhof Wiedikon. Gerade eben, vor fünf Minuten noch, war ich genau dort. Alle Tramzüge werden umgeleitet. Mein Herz klopft bis zum Hals: Ich habe Angst! Angst für die Menschen, denen etwas zugestossen ist. „Sie hatte mehr Glück als Verstand", höre ich hinter mir eine Frau sagen. Da fällt mir ein schwerer Stein vom Herzen, ich kann wieder atmen.

It's a sad and a beautiful world.

Vor etwa zwei Jahren habe ich meine Furcht vor Unfall, Krankheit und Tod beim Schopf gepackt, einen ausrangierten Krankenwagen gekauft, ein besonders formschönes Modell, cremefarben, Mercedes, und sein Interieur völlig umgestaltet. Es wurde mit zuckerwattefarbenem Flausch ausgeschlagen wie ein Kokon und intim wie das Innere einer Muschel, und aus der Infusionsflasche fliesst Chanel Nr. 5.

    Lehrerinnen und Schülerinnen einer Textilklasse haben praktische Hilfe geleistet.

Inzwischen steht *Manons Rettungsdienst* im Depot eines Kunstmuseums und erwartet einen nächsten Auftritt. Letztes Mal stand er für einen länger dauernden Anlass im tiefen Winter vor ebendiesem Haus, nachdem er dank dessen Direktor generalüberholt worden war. Mein Mann ist extra nach St. Gallen gefahren und hat ihn fotografiert. Der Wagen, strahlend hell auf weissem Schnee, leuchtet pinkfarben aus sich heraus, ein reizvolles Bild.

Dem vorausgegangen war ein Krankenwagen, der in Paris unterwegs war und von dem man mir sagte, eine schöne Prostituierte habe sich darin eingenistet. Daraufhin schaute ich jedem einzelnen Krankenwagen nach und stellte mir in der Fantasie unzählige mögliche Intérieurs vor.

Sowohl die NZZ unter „Frauen, eine seltene Spezies?" als auch der *Tages-Anzeiger* haben meinen Leserbrief veröffentlicht.

Die Einladung erhalten zu einer Ausstellung in der Bundeshauptstadt, bei der mein bisher einziges Video gezeigt wird. Sie heisst: *Brennpunkt Schweiz. Positionen in der Videokunst seit 1970*. Wie poetisch.

11. März
Frühmorgens, wenn die Sonne im Rücken unseres Hauses gerade den Horizont erreicht, wird die Häuserzeile über dem See für einen ganz kurzen Moment in Gold getaucht, fast wie eine schimmernde Halskette.
   Erste Knospen oben in den Baumwipfeln, unten ist noch alles kahl.

Heute Abend hingegen der Himmel so unglaublich rot, dass der See in der Spiegelung wirkt wie Blut.

„Jeder Alte war mal jung, aber nicht jeder Junge wird mal alt", las ich kürzlich irgendwo.

Nun ja, eins meiner Themen hier sollte auch sein, wie es sich anfühlt, wenn die schöne Jugend langsam schwindet. Ich frage mich also, wie es den Menschen ergeht, die in meinem Leben einen festen Platz haben und mit mir zusammen älter werden.

Der erste meiner drei Ehemänner – ich war da noch minderjährig und benötigte für die Heirat eine schriftliche Genehmigung der Eltern – ist kaum älter als ich und ein gut aussehender grauhaariger Mann geworden.
Ich habe viel von dieser frühen Liebe gelernt, und der Mann weiss, dass er sich lebenslang auf mich wird verlassen können.
    Wann immer ich heute einen ehelichen oder anderen Kummer habe, flüchte ich zu ihm. Er bettet mich auf sein Sofa, deckt mich zu, und ich weine mich aus. Das kann ich nur hier. Später stellt er das Radio an, *Swiss Jazz*, und beginnt in der Küche für uns zu kochen. Danach wird alles leichter.
    Seinerzeit war er ein Frauenschwarm, allerdings wurde mir das erst bewusst, als ich ihn bereits verlassen hatte. Heute sprechen wir recht häufig über das Älterwerden, er nennt sich Fatalist, nichtsdestotrotz ertappe ich ihn nicht selten bei Gymnastikübungen, wenn ich unangemeldet vorbeischaue. Ausserdem

weiss er alles über gesunde Ernährung und ist zudem ein leidenschaftlicher Velosportler, seine Figur schlank und muskulös geblieben.

Mein zweiter Gatte, dieser wunderschöne Künstler – damals wurde er von der Presse Wunderkind genannt, daraufhin für eine gewisse Zeit sehr berühmt –, verkörperte in meinen liebenden Augen Schönheit und Poesie schlechthin. Er war knapp zwanzig, als wir uns trafen. Für eine Ausstellung im Kunsthaus Zürich und für mich hatte er sich ein paar Jahre älter gemogelt. Als er mir das schliesslich gestand, waren wir bereits leidenschaftlich und symbiotisch ineinander verschlungen.

Durch ungewöhnliche Begabung und ebensolche Fotogenität sehr früh zum Begriff geworden, ist er heute ein gestandener Mann, seines Zeichens Kunstprofessor in einer deutschen Stadt. Auf dem Titelblatt einer Kunstzeitschrift vor drei oder vier Jahren hat er mir gut gefallen. Es zeigt vor hellblauem Grund einen stattlichen Mann mit Charakterkopf, in schwarzem Frottee-Bademantel, kahl rasiert, mit ernstem und sich ernstnehmendem Ausdruck, sinnlichem Mund und oben spitz zulaufenden Ohren, die an Fledermäuse erinnern, in der kräftigen Hand das Bild eines sehr schönen, dunkelhaarigen jungen Mannes mit tränenüberströmtem Gesicht. Dieser trägt eine enge Schlangenlederjacke und ein dunkles Seidenfoulard, das mit weissen Zahlen bedruckt ist. Der Stoff dazu stammte aus einem Sommerkleid von mir.

Der Künstler fand schon als junger Mann, eines Tages wolle er aussehen wie der Filmschauspieler Edward G. Robinson, unverwechselbar mit seinem Charakterkopf, und das ist ihm gelungen. Er hat Jugend und Schönheit früh abgegeben an der Garderobe der Eitelkeiten, für mein Empfinden hätte er damit noch etwas zuwarten dürfen, aber vielleicht war das auch ein weiser Entschluss. Bei seinem letzten Aufenthalt in meiner Stadt erzählte er von einem Herzanfall, und ich spürte, wie einschneidend dieses Ereignis war. Ich erwähne das hier, weil seine neuen Arbeiten darauf Bezug nehmen.
    Auch wenn diese Beziehung – sie hatte sich angefühlt wie siamesische Zwillinge, die Durchtrennung war schmerzhaft – ein Ende nehmen musste, bleiben meinerseits eine Anteilnahme und auch eine Zuneigung für immer zurück.

Doch danach war ich frei!
Frei. Frei. Frei.
Ich hatte nichts mehr zu verlieren!
Ich konnte jedes Risiko eingehen,
jede Grenze überschreiten,
alles wagen!

Damit war der Boden gelegt für meinen ersten Auftritt in der Kunstszene, der schliesslich für Aufsehen sorgte und der mich weiterführte in mein eigentliches, mein eigenes Leben.

Später wurde der Salamander Teil meines Daseins und Seelenfreund für alle Zeiten, auch wenn sie heute ruhig geworden sind: Noch sind seine Locken da, aber sie sind grau geworden. „Der neue Mann in Manons Leben ist ein Poet", stand seinerzeit in einer Gesellschaftskolumne. Nun, aus dem aparten Jungen von damals – meine Freundin nannte ihn einen Lustknaben – ist ebenfalls ein Mann geworden. Heute bewusst zurückhaltend in seiner Selbstgestaltung im Gegensatz zu seiner früheren Exzentrik, aber nach wie vor mit eigenem Stil, hat er sich das jungenhafte Gebaren, die Begeisterungsfähigkeit und den sezierenden Verstand erhalten. Vielleicht wird er nie ganz erwachsen, mir soll es recht sein. Das wilde Leben hat er hinter sich gelassen, wie wir alle, die wir überlebt haben. Aber im Kopf ist eine Wildheit geblieben, Gott sei Dank.

Ein lebenslang treuer väterlicher Verehrer, der später seine letzte Freundin – eine recht bekannte Schriftstellerin – ganz auf Manon hergerichtet hatte, weil er von meinem Äusseren besessen war und sie schliesslich auch, ist gestorben, worauf die Schriftstellerin, kurz darauf ebenfalls erkrankt, sich mithilfe einer Sterbehilfeorganisation das Leben nahm. Die Presse hatte diese Geschichte seitenlang und über Wochen ausgeschlachtet.
    Er war der einzige Mann in meinem Leben, der einiges älter war als ich, aber sportlich, fit und durchtrainiert. Obwohl erst um die vierzig, als wir uns kennenlernten, war er bereits weisshaarig, jedoch eitel, verwöhnt und anspruchsvoll. Dank Schneidern in Mailand und in London stets tadellos gekleidet – für mein Empfinden viel zu perfekt. Es fehlte mir stets eine ganz kleine Spur Nachlässigkeit.
    Er war der Mann, der mir beibrachte, dass Kaschmir weicher ist als Wolle, Zobel kostbarer als Nerz, Seide sinnlicher als Baumwolle, und *Bal à Versailles* das beste Parfum überhaupt.
    Wo immer in der Welt ich mich gerade befand, konnte ich ihn anrufen, und er war da, egal mit wem ich gerade zusammen war.

Diese Möglichkeit habe ich jedoch nicht oft genutzt.

Nun ist er schon eine ganze Weile tot. Unsere letzte Begegnung: Zusammen mit der Schriftstellerin stand er eines Tages vor unserer Wohnungstür im Frascati-Haus, da wirkte er bereits geschwächt, und beide hielten eine brennende Kerze in der Hand.

Es war kurz vor Weihnachten.

Der zarte blonde Jüngling, taufrisch examinierter ETH-Student, mit dem ich nach Paris fuhr und dort lebte und der mitverantwortlich zeichnet für die inzwischen bekannten Fotoaufnahmen jener Zeit und deshalb in meiner ersten Monografie erwähnt wird, ist kein glücklicher Mann geworden. Ein hochsensibler, seelisch fragiler und schwieriger Mensch, der bedingungslos an meine Begabung glaubte, hat gleichzeitig daran gelitten und mich schliesslich verlassen.

Vor unserer gemeinsamen Abreise ins Ausland schrieb er in seinem Vorwort zu meinem ersten Büchlein: „*La première fois que j'ai vu Manon, je l'ai prise pour une stripteaseuse dans son jour de sortie…*"

Als ich im letzten Winter mit drei Hunden und viel Bagage mit der Eisenbahn ans Meer fuhr, ist er zugestiegen, um mir beim mehrmaligen Umsteigen behilflich zu sein, und danach wieder zurückgefahren. Das ist nicht selbstverständlich. Wir hatten uns lange nicht gesehen, er fand mich unverändert, und genauso erging es mir mit ihm. Wir nahmen unseren Gesprächsfaden dort wieder auf, wo wir ihn unterbrochen hatten, Jahre zuvor.

Daran lag es nicht.

Le style du pauvre nennt man in Paris jene ganz bestimmte Eleganz, die Fantasie einsetzt anstelle von Geld. Er kultivierte dies nach wie vor gekonnt, und ein paar Jahre lang war das unser beider Stil.

Hier wäre der französischsprechende Künstler anzufügen, der mir, zurück in der Schweiz, etwas oder sogar viel bedeutet hatte und den ich kürzlich wiedersah. „Er ist immer noch hübsch", fand eine hinter mir stehende Zuschauerin bei seinem letzten Auftritt in meiner Stadt.

Nicht zu vergessen mein sowohl zeichnender als auch fotografierender Künstlerfreund, wir kennen uns aus einer Zeit, in der weder er noch ich in der Kunstszene irgendeine Rolle spielten. Ich hatte ihn auf der Strasse angesprochen, um ihm zu sagen, wie sehr er mir stets aufgefallen sei, seither sind wir Freunde.

Heute, nach vielen Tiefs, gehört er zu den wichtigsten Fotografen; der französische TV-Moderator Frédéric Mitterrand nannte ihn *„le plus grand photographe de garçon du monde"*. Sein Gesicht gleicht demjenigen von Henry Miller, was kann da schon schiefgehen? Mindestens einmal im Jahr, eher zweimal, unternimmt er eine strikte Fastenkur, und sein Tagesablauf ist durchstrukturiert: Hallenbad, gesunde Vollwert-Ernährung, und es gibt weder Alkohol noch durchgefeierte Nächte. Seine Auftritte, man darf sein Erscheinen an öffentlichen Anlässen ruhig so nennen, sind stets von Kopf bis Fuss durchkomponiert. Disziplin pur. Wir bewundern ihn dafür.

    Und das Liebesleben?
    Er sagt, dazu sei er nicht begabt.

Aber meine schöne, heiss geliebte Freundin, Lektorin bei einem bekannten Verlag, die mich in so mancher Krise aufgefangen hatte, diese auffallende Erscheinung, gross, blond, mit weissem Pekinesen im Arm à la Jean Harlow – keine hatte das so drauf wie sie –, heimlicher Schwarm vieler Männer, hat sich auf die andere Seite geschlagen. Die Seite, auf der es keine Eitelkeit mehr gibt.

Und dies zu einem Zeitpunkt, wo andere nochmals durchstarten.

Noch will es mir nicht gelingen, ihr zu folgen, und ich will nicht verschweigen, dass ich ihr das lange übelgenommen habe, denn äusserlich gibt es keine Ähnlichkeit mehr mit der Frau, die mir früher so gefallen hat. Es soll sich aber sehr angenehm leben hinter dieser Grenze, und möglicherweise treffen wir uns eines Tages dort wieder, vielleicht ist das ja schon sehr bald.

Anders unsere gemeinsame Pariser Freundin, Fotomodel von Helmut Newton und eine kleine Berühmtheit, die Gott und die Welt kennt, und zwar aus der allerintimsten Perspektive, und deren Dasein sich ganz und gar um die Erotik, oder präziser gesagt, um die Sexualität gedreht hatte. Kein Mann, der sie nicht begehrt hätte, keiner, den sie nicht verführt hätte. Alles ist noch so wie früher, das *apartement*, die schlangenhafte Kleidung, der Pagenschnitt, das Auftreten, bloss ist aus dieser Sexbombe, diesem ranken und gleichzeitig kurvigen Mädchen – nie habe ich einen schöneren Frauenkörper gesehen – eine typisch französische *maman* geworden. Die witzigste, lustigste Frau, die ich kenne. „*C'est quelqu'un*", wie die Franzosen sagen.

Eine Autorität. Nach wie vor verwöhnt sie ihre Gäste mit der besten Küche, die in Paris zu finden ist – auch für ihre *dîners* ist sie berühmt –, bloss die erotische Nachspeise fällt inzwischen vielleicht weg.

    Keiner wusste genau, wovon sie lebt, aber sie war und ist befreundet mit Männern aus der hohen Politik, aus dem Showbusiness, wurde eingeladen von wichtigen *banquiers*, hatte Affären mit berühmten Popstars und anderen Künstlern und führte ein aufregendes Leben. Inzwischen hat sie ein Buch darüber geschrieben, dessen Rohfassung ich fast in einem Atemzug gelesen habe. Hoffentlich wird es veröffentlicht, denn sie schreibt gut und genauso wie sie lebt und spricht: ganz und gar unverblümt.

Meinen dritten Gatten kann ich hier als Beispiel nicht gut anführen, denn trotz inzwischen andeutungsweise grauen Schläfen ist er dafür einfach noch zu jung. „Die Ehe, an die niemand glaubte, dauert nun schon sieben Jahre", schrieb eine bekannte People-Journalistin vor recht langer Zeit. Nun, sie dauert und dauert an, wer hätte das gedacht, und sie ist mir ganz unverzichtbar geworden. In all diesen Jahren hat mein Partner mich kein einziges Mal, was auch immer mein Problem sein mochte, und deren gab und gibt es viele, im Stich gelassen.

Übrigens hat ein bekannter und beliebter Pressefotograf – dessen ganzes Archiv in der Altstadt vor einiger Zeit abgebrannt war – es vor ein paar Jahren geschafft, an einer Vernissage alle drei Ehegatten mit mir zusammen aufs Bild zu bringen.

Im richtigen Moment abgedrückt…

Es ist ein hübsches Foto geworden: Im Zentrum der Künstler, offensichtlich Mittelpunkt dieser Gruppe, in dunklem Anzug und weissem Hemd, mit kahl rasiertem Schädel, den Mantel über dem Arm, ein Weinglas in der Hand. Er blickt forschend und neugierig, etwas skeptisch auch, nach rechts, wo mein heutiger Ehemann steht: schwarzes kurzes Haar, schwarze Augen, in schwarzem Mantel, hübsch und jung anzusehen, Blick in die Kamera mit einem, beinah möchte man sagen, leicht maliziösen Lächeln. Links vom Künstler stehe ich, ihm zugewandt, Waschbärmantel *(shame on me),* offenes Haar, mit Blick auf den Brennpunkt des Bildes, den Künstler nämlich. Und daneben, als Einziger völlig entspannt, der Älteste der Gruppe,

strahlend, Hände in den Hosentaschen, helle Kleidung, sportlich, aber dem Anlass entsprechend fein gemacht. Er allein blickt quasi aus der Szene hinaus in den Raum. Fast ein Zeitdokument, jedenfalls für mich.
    Vielen Dank, lieber Niklaus Stauss.

12. März
Der heutige Morgen ist seit langer Zeit zum ersten Mal genau so, wie man sich einen tristen Wintertag vorstellt: Grau in Grau, weder Sonne noch Schnee, der Boden gefroren.

Ich will eine Spur legen – wie es Hänsel und Gretel getan haben, um ihren Rückweg zu sichern – aus Vogelfutterkugeln, an Bäume gehängt, beginnend mit denjenigen vor meinem Haus bis ganz hinauf zum Ende des Parks. Später dann werden sie verdeckt sein von zartgrünem Laub, nur ich werde die Stellen kennen.
    Bereits nämlich machen sich in den Bäumen hinter meinem Bett, in der Rundung meines Schlafzimmerfensters, zur Morgensonne hin, ganz diskret erste Knospen bemerkbar. Noch muss man sehr genau hinschauen, um sie zu bemerken.

Eben beim Nachtspaziergang am See, hinter der Bauabschrankung, dort, wo etwa fünfzig Schwäne nächtigen, eine Gestalt beim Hantieren mit einer Anzahl von Plastiksäcken wahrgenommen. Es ist zu dunkel, um sie zu erkennen, aber ich weiss, wer es ist. Frau Bölsterli, jene zuverlässige und treue Seele, Jahr für Jahr, Monat für Monat, Tag für Tag sieht man sie mit ihrem Rollwägeli voller alter Brote an mehreren, ganz bestimmten Plätzen beim Füttern ihrer Schwäne. Jeden Morgen besorgt sie sich bei den Bäckern des Quartiers die Semmeln vom Vortag. Es gab in dieser ganzen langen Zeit nur einen einzigen Unterbruch, da lag sie mit Krebs im Spital, das liegt nun schon ein paar Jahre zurück. Weder die anschliessenden Bestrahlungen noch die Chemotherapie haben sie abhalten können. Eine Weile ging sie danach am Stock, eine Zeitlang sah sie mitgenommen aus. Sie kann ihre Tiere weitgehend auseinanderhalten, weiss, welches ein männlicher, ein weiblicher, ein junger oder alter Schwan ist. Einigen hat sie gar Namen gegeben, kennt ihre Geschichte. Wenn ein Tier krank oder verletzt ist, holt sie die Seepolizei und sorgt dafür, dass ihm geholfen wird. Es gibt anscheinend sogar Schwäne, die sie im Arm halten kann.

Sie soll Opernsängerin gewesen sein, früher. Unter ihren Plastikhüten voller Möwenkot ahnt man das hübsche, feine Gesicht. Manchmal begegne ich ihr beim Einkaufen, dann reden wir über meine Hunde oder über ihre verstorbene Katze.

Mir ist es bisher nicht gelungen, zu diesen Geschöpfen mit schlangenhaftem Hals eine persönliche Beziehung aufzubauen. Nichtsdestotrotz habe ich in Frankreich, in einem Naturschutzgebiet, in dem mein Mann und ich jeweils unser Hausboot ankern, die Schwäne regelmässig gefüttert. Eines Sommers schwimmt uns, inmitten einer weissen Gruppe, ein rabenschwarzer Schwan entgegen. Ein Wunder. Keines der Tiere, die täglich bei uns vorbeischauen, erweckt jedoch den Eindruck, als sei da etwas ungewöhnlich.
    Doch im nächsten Sommer ist er nicht mehr da.

Hingegen liegt, in halbseitlicher Position, den Hals in anmutiger Linie über den Körper gebreitet, ein toter Schwan mitten im trägen Fluss. Die Wehrlosigkeit, die Hingabe seiner Haltung hatte mich im tiefsten Inneren berührt.

Zu ungleichen Zeiten fotografiere ich ihn, um die verschiedenen Stadien der Verwesung festzuhalten.

Da erst fällt mir auf, dass ich im Gewässer meiner Stadt nie ein totes Seetier sah, weder Schwan noch Möwe noch Ente. Ich frage mich, ob die Tiere zum Sterben an Land gehen. Oder ob die Leichen frühmorgens, ehe die ersten Fischer oder Jogger herkommen, eingesammelt werden.

Bellinzona 1997. S*eduzione e dolore*, Verführung und Schmerz, nannte ich eine Installation, deren Hauptfiguren drei Schwäne waren, zwei weibliche sowie ein männliches Tier mit imposant geöffneten Flügeln. Dazu kamen fünf doppelseitige Stehspiegel, die sich, quasi in endlosem Tanz mit sich selbst, um die eigene Achse drehten. Es ging um Eitelkeit, um Schönheit, um Vergänglichkeit. Welches Tier würde sich besser eignen zur Darstellung dieser ewigen Themen?

13. März
Heute, an diesem unerwartet sonnigen, ja sogar warmen Tag, pilgert erstmals in diesem Jahr eine regelrechte Völkerschar an unserem Haus vorbei hin zum Park am See. Ich liebe

das. Ferienstimmung. Das Restaurant unterhalb meiner Terrasse hat die Tische ins Freie gestellt, alle sind besetzt. Nun ist sie wieder da, diese sommerliche Geräuschkulisse, die ich allen anderen vorziehe.

Da ist ein Gemurmel, ein leises Gelächter, Transistorradios von Zeit zu Zeit, eine Fröhlichkeit. Hin und wieder, weit oben, ein Flugzeug. Wie schön ist es, in der Wohnung allein zu sein bei weit geöffneten Balkontüren, inmitten von so viel Leben. Wie ich das im Winter jeweils vermisse!
 Gelegentlich, selten eigentlich, blicken Passanten an unserem Haus empor und entdecken, dass da Menschen wohnen.

Seit dem Tod meiner noch so jungen Schwester plagt mich, ich kann nichts dagegen tun, Jahr für Jahr dieselbe bange Frage: Und wenn dies nun der letzte Frühling wäre?
 Wie viele Gefährten und Gefährtinnen, die kürzer oder länger, aus der Nähe oder aus Distanz, mein Leben begleitet haben oder ich das ihre, sind schon weg? Da gab es Krankheit, Drogen, Selbstmorde.

Politik!
Fattebert! Nie werden Männer verstehen,

weshalb ein so „kleiner" verbaler Missgriff wie derjenige dieses Waadtländer SVP-Nationalrats, der die Antrittsrede der neu gewählten Nationalratspräsidentin, der „höchsten" Schweizerin also, mit den Worten kommentierte „Niemand ist ohne Fehler, man kann sie entschuldigen, denn sie ist ja eine Frau"; dass ein solcher Faux-pas also ganz einfach unentschuldbar ist. Welche Herablassung, welche Arroganz!

Es genügt, sich die Situation umgekehrt vorzustellen! Und dann wundert man sich, dass Frauen sich nicht darum reissen, solche Positionen einzunehmen. Sie haben dabei nämlich nicht viel zu gewinnen, aber eines haben sie zu verlieren: ihre Würde.

Ich bin unglaublich wütend, und zwar, weil Männer wie Fattebert gar nicht in der Lage sind, zu erkennen, worum es hier geht. Diese Männer machen Politik, und es gibt nichts, worauf solch demütigende Grundhaltungen letzlich keinen Einfluss hätten: auf die Wirtschaft, auf die Gesellschaft, auf die Familien. So lange solche Männer an entscheidenden Stellen sitzen, wird sich in der Geschlechterfrage kaum etwas ändern, weil die Problematik nicht einmal wahrgenommen wird. Man könnte daran verzweifeln.

Erneut wehre ich mich mit Leserbriefen. Was sonst kann ich tun?

Kürzlich wurde ich vom Schweizer Fernsehen gebeten, an einer Sendung über Schönheit teilzunehmen. Stattdessen schicke ich ein Mail an die Redaktorin mit der Bitte, doch besser obengenanntes Thema aufzugreifen.

„Die Zukunft wird weiblich", schreibt die deutsche Sozialwissenschaftlerin und Redaktorin (und Pilotin) Dagmar Deckstein in der *Süddeutschen Zeitung* in einem Essay.

Das wird noch eine Weile dauern.

Ach, lassen wir das.

14. März
Heute, nach einem Besuch beim Arzt und anschliessendem Morgenkaffee im Café Odeon, will ich bei einem Fotoautomaten haltmachen. Es geht darum, Vergleiche zu ziehen, den Lauf der Zeit mit dem immer selben Medium zu dokumentieren. Objektiv sind diese Apparate nicht, denn sie arbeiten mit Blitz, und so sieht man zwangsläufig „flacher" aus.
Aus demselben Grund sind übrigens auch die People-Fotos der Klatschrubriken stets so vorteilhaft.

Es gibt wohl kaum jemanden meiner Generation, der nicht Dutzende dieser Fotostreifen besitzt. Unter den Automaten gibt es Geheimtipps, ältere Modelle nämlich, die besonders stark ausleuchten, und mein Zürcher Künstlerfreund hat mich auf zwei davon aufmerksam gemacht. Allerdings liegen sie heute nicht an meinem Weg, ich werde also einen jener Prontophots benutzen, die den Vorteil haben, dass man sich zuerst betrachten und die Pose perfektionieren kann, ehe das Bild geschossen wird. Sollte es einem nicht gefallen, kann man es sogar wiederholen.

Well, meine Gesundheit ist okay, und die Bilder sind da. In Farbe. Nun werden sie datiert und abgelegt in einen Ordner, in dem sich bereits der allererste Fotostreifen befindet, in Schwarz-Weiss, da war ich 18 und hatte noch Grübchen in den Wangen. Wie spannend zu verfolgen, dass und wie man sich im Lauf der Jahre verändert. Erschreckend ist es nicht. Klar habe ich mich heute zu diesem Zweck besonders hübsch gemacht, das bin ich mir schuldig.
    In diesem Ordner gibt es nicht wenige Doppelbilder, zusammen mit dem jeweilgen Partner, wie wir das alle kennen, und auch mit parallel geführten oder kürzeren Liebschaften,

die ich hier unerwähnt lasse, obwohl keine einzige unwichtig war.

Die ersten Fotos zeigen mich also zusammen mit dem schönen Künstler, seine Fotogenität ist atemberaubend. Dieser Mund, diese Schatten in den Wangen, diese dunklen Augen. Die Haut hell, das schwarze Haar halblang, seitlich gescheitelt. Nicht selten trägt er eine Sonnenbrille, eher als Accessoire denn der Sonne wegen, oder eine Zigarettenspitze zwischen den Lippen. Er erinnert an den exzentrischen französischen Filmschauspieler Pierre Clémenti, der übrigens unser beider Idol war und den ich später in Paris kennenlernen sollte.

Zwischen obenstehendem und dem nächsten Bild müsste ich eigentlich ein Foto einschieben, das einen jungen Mann zeigt, der zwischendurch ein Weilchen mit mir lebte, ungemein attraktiv war, auf ganz andere, „wildere" Weise, und der sich heute, längst wieder in Südamerika lebend, wo seine Mutter herkam, regelmässig meldet, nachdem er mich im Internet gefunden hatte. Seinem Blick konnte ich nicht widerstehen, ich bin mir nicht sicher, ob er wirklich in mich verliebt war, auch wenn er selbst das glauben mochte.

Er war wohl eher in das Bild von mir verliebt. Ich jedenfalls war von ihm eingenommen, und seiner erotischen Ausstrahlung konnte ich mich nicht entziehen.

    Er war – ganz nebenbei gesagt – der Sohn eines Schauspielers, die TV-Serie hiess *Graf Yoster gibt sich die Ehre*.

Und er hatte mir meine erste Katze geschenkt! Die Siamesin.

Nun folgt das erste Bild zusammen mit dem Salamander: ein wilder dunkler Lockenkopf, spitzes Kinn, hinreissend gezeichnete Lippen, die auch Männern überaus gefielen. Schwarze, in die Taille geschnittene Samtjacke, darunter ein silbernes Glitzertop, das den Hals grosszügig frei lässt.

Auf späteren Fotos dann sieht er sehr mitgenommen aus.

Es gibt auch, zu verschiedenen Zeitpunkten, Bilder mit dem väterlichen Verehrer, diesem Dandy, stets braungebrannt, denn er fährt Ski in St. Moritz und ankert seine Jacht an der Costa Smeralda. Er versteckt sich hinter mir, aber seine Geste ist sehr liebevoll, fast möchte man sagen: hingebungsvoll.

Auf einem dieser Streifen trage ich einen weit geschnittenen dunkelbraunen Nerzmantel, der genau den Farbton meiner Haare hat, den ich aber nie als zu mir gehörend empfand. Er war gedacht als kleiner Trost, nachdem mein zweiter Gatte und ich uns getrennt hatten und ich sehr traurig war.

Bald darauf wurde mir der Pelz in Venedig gestohlen.
    Ich war richtig erleichtert!

Es folgen Fotos zusammen mit meinem vielseitig begabten Zürcher Künstlerfreund, gut sieht er aus, volles Blondhaar, strahlendes Lachen, die Augen schmale Schlitze, eigentlich beinah so wie heute, bloss jünger. Einiges jünger.

Später das erste Bild mit „meinem" Studenten, noch vor unserer Abreise nach Paris: helles Gesicht, feine Züge, am auffallendsten die riesigen, sehr dunklen Augen unter schön gezeichneten Brauen, wildes Blondhaar, kinnlang, ein Zigarillo im Mund. Auch er in schwarzem Jackett mit spitzen Schultern, dazu weit offenes weisses Hemd und ein weisses Foulard. Etwas Dekadentes haftet ihm an und gleichzeitig auch etwas Verlorenes.

Nun entdecke ich ein Bild zusammen mit einer sehr jungen Freundin mit langem rotem Haar, die mich, nachdem ich vom Studenten verlassen wurde, bekocht und betreut und verehrt hatte. Sie legt beschützend den Arm um meine Schultern, und wir geben ein kurioses Paar ab: Sie ist sehr gross, sehr jung, sehr natürlich, und ich zierlich, um einiges älter und beinah mondän hergerichtet. Viel später heiratete sie meinen ersten Gatten, von dem und mit dem zusammen ich leider keine Automatenfotos besitze. Besagte Ehe hielt allerdings nur sehr kurz.

Bald danach folgen die ersten Bilder mit meinem heutigen Ehemann. Sein Haar noch rabenschwarz, streichholzkopfkurz, gebräunte Haut, aristokratische Nase, schöne Zähne.
   Wir schauen uns strahlend in die Augen. Hier taucht auch zum ersten Mal ein kleiner Hund im Bild auf. Ich selbst bin nicht mehr so jung wie bisher, man spürt und sieht, diese Frau hat gelebt, und geschont hat sie sich wohl nicht.

Daraufhin gibt es sieben Jahre lang keine Bilder mehr.

Von Salamanders Tochter weiss ich, dass auch die heutige Teenagergeneration, trotz Digital- und Handykamera, versessen ist auf diese Fotoautomaten. Dabei lernt man sich selbst allmählich besser kennen, lernt auch, wie man von aussen gesehen wird.

Ob das je ein Ende nimmt, ob man sich eines Tages nicht mehr anschauen und vergleichen mag?

Seit drei Wochen führe ich nun diese Aufzeichnungen, das sind fast 27 A4-Seiten, das macht im Schnitt mindestens eine Seite pro Tag. Das ergäbe Ende Jahr wohl mehr als 365 Seiten, falls ich durchhalte.

Wie froh bin ich, dass mein Leben heute in ruhigen Bahnen verläuft. Es gab eine Zeit, in der es mir ganz unmöglich gewesen wäre, zusätzlich zum täglichen Erleben auch noch regelmässig eine Notiz zu schreiben.

Kurz nach Erscheinen meiner damaligen Monografie hatte die Schriftstellerin, die sich später das Leben nahm, den Vorschlag gemacht, meine Biografie zu schreiben. Doch ich war noch nicht bereit.

Vor zwei oder drei Jahren hingegen, als eine hier bereits erwähnte junge Kulturjournalistin dieselbe Idee hatte, jedoch ein ganz anderes

Konzept, habe ich mich an den Computer gesetzt, um mal ganz allein für mich zu überschlagen, was ich ihr aus meinem Leben als Künstlerin und Frau erzählen könnte. Das Schreiben fiel mir leicht, ehe ich mir irgendwelche Gedanken machte, floss mir der Text quasi aus der Feder. Irgendwo in den geheimnisvollen Tiefen meines Computers müssen sich diese Kapitel befinden, keine Ahnung wo, denn plötzlich, von einem Tag auf den andern, musste ich dem Ganzen ein Ende setzen: Diese Egomanie! Soviel ich erinnere, kam ich bis zum Kapitel „Sieben wilde Jahre".

    Dieses liess ich aus. Hingegen fuhr ich danach weiter mit meinen Jahren in Paris und zurück über Genf nach Zürich.

    „Manonomanie" nannte der Salamander früher die Beziehung gewisser Menschen zu mir, und wohl auch diejenige von mir zu mir selbst. Jedenfalls gab ich einem meiner „Künstlerbücher", ich nenne sie die „schwarzen Bücher", diesen Titel. Egomanie oder Manonomanie, wie auch immer, das Wörtchen „ich" kam mir plötzlich zu häufig vor. Heute beschleicht mich beim Überfliegen dieser neuen Aufzeichnungen, vor dem (unzensierten!) Abschicken an den Filmer, wie wir das besprochen hatten, damit er ein wenig

Anschauungsmaterial bekommt, fast dasselbe Gefühl.
    Und nicht nur das: Es überfällt mich ein heftiges Schamgefühl.

Das wird beim Weiterschreiben Widerstände geben.

15. März
Doch aufgeben gilt nicht.

Jeden Morgen führen mein Partner und ich, oder ich allein, die Hunde am See in die eine oder in die entgegengesetzte Richtung aus, das hängt von der Jahreszeit und dem Wetter ab. Stets begegnet man in etwa denselben Menschen, anderen Hündelern zumeist. Irgendwann fällt mir auf, dass ein neuer täglicher Spaziergänger aufgetaucht ist, den ich zuvor nie gesehen hatte: ein grosser, ansehnlicher Mann mit halblangem weissem Haar, einem schlanken, schönen Kopf, früher muss das ein gut aussehender Mensch gewesen sein. Sein Gang sehr aufrecht, die Kleidung aus gutem Stoff, farblich abgestimmt. Ich tippe auf Werbung, Grafik, Kunsthandel. Und doch gibt es da Brüche:
    Der Blick bleibt auf den Boden gerichtet, See und Bäume werden nicht wahrgenom-

men, nie. Eine diskrete Ungepflegtheit verrät ihn, den plötzlich arbeitslos Gewordenen. Ihm zu begegnen ist mit der Zeit alltägliche Gewohnheit, es fällt auf, wenn er nicht da ist. Eines Tages beginne ich, ihn zu grüssen. Manchmal erwidert er den Gruss, manchmal lässt er es bleiben. Mehrmals versuche ich vergeblich, mit ihm ins Gespräch zu kommen. An Weihnachten immerhin wünscht man sich frohe Festtage, zu Silvester ein gutes neues Jahr. Zwei oder drei Jahre geht das nun schon so, nie wirft er einen Blick auf die Umgebung, geradeso gut könnte er an Bahngleisen entlanggehen. Heute ist er wieder da, die Kleidung dieselbe, aber verschlissen, das Haar länger und ungewaschen, und ein Bart verdeckt neuerdings die untere Gesichtshälfte. Was aber mehr auffällt als alles andere: Der Gang hat sich verändert, die Schritte sind klein geworden und der Rücken rund. Es ist, als falle er in sich zusammen.

Manchmal schon habe ich mich gefragt, ob ich ihn zu einem Kaffee einladen solle, aber wie ginge es danach weiter? Würde er sich oder würde ich mich verpflichtet fühlen, diese sonderbare Beziehung irgendwie weiterzuführen? Alles würde kompliziert.
    Wir lassen es so, wie es ist.

Jetzt, wo die Temperaturen steigen, wo es fast ungewöhnlich warm wird, ist es so weit, schon seit ein paar Tagen lag es in der Luft: Mein Partner ist krank geworden, und ich gleich dazu, schon wieder. Die Grippe geht um. Er liegt in seinem Zimmer, ich in meinem, bei beidseits offenen Türen. Wobei sein Schlafzimmer zugänglicher ist als meines, dieses liegt im Anschluss an mein Arbeitszimmer.

Dabei hätten wir beide wichtige Termine. Die Pariserin hält sich an ihn, der Junghund an mich. Auch die Katzen teilen sich auf.

16. März
Vorfrühling.

Obwohl angeschlagen, gehe ich frühmorgens dem See entlang, bis ganz nach vorn, dorthin, wo ich mich auf eine steinerne Treppe setzen kann und wo der Blick ins Weite geht. Ich will die Berge sehen. Und fotografieren. Das wäre mir früher nicht im Traum eingefallen! Bislang hatte mich vorwiegend das Aussergewöhnliche interessiert.

Wie schade!

Der Park hat ein Stück seiner Wildheit verloren. In diesem Winter ist er weitgehend eingeebnet worden, es gibt nur noch Rasen und Bäume, kaum einen Busch, kaum einen Strauch. Jedes mögliche Drogenversteck wurde entfernt. Dabei, und das weiss ich genau, wird hier von den Nordafrikanern nur mit Haschisch gehandelt, in der ersten Biegung am Eingang der Anlage.

    Wenn ich nachts den Park besuche, fühle ich mich in Sicherheit, wenn sie da sind.

Am Nachmittag dann ein kleiner Schritt über den Quai und in die Seebadeanstalt, um zu sehen, wie die Umbauarbeiten vorankommen. Die zwei früheren Bassins werden mit Holzplanken überdeckt und zu Liegeplätzen umfunktioniert, denn Kinder kommen schon lange keine mehr her, und die Sauna bekommt noch ein Dampfbad und neue Duschen.

    Früher, viel früher, ich hatte meinen ersten Gatten gerade verlassen für einen Schauspielschüler (er hatte ein Profil wie der junge Marlon Brando und war sehr begabt) und ich war selbst Schülerin dieser Akademie, den zweiten Gatten hatte ich noch nicht kennengelernt und war kein glücklicher Mensch und auch noch keine Künstlerin, da gibt es eine Erinnerung an diese Badeanstalt, so frisch, als wär's gestern gewesen. Sowohl der künftige Schauspieler als auch mein väterlicher Verehrer waren verreist, und ich fand das wunderbar, denn nun fühlte ich mich ganz und gar frei in dieser sommerlichen Stadt. Jeden Spätnachmittag besuchte ich die Badi, obere Terrasse ganz rechts aussen, diejenige für die alten Frauen, legte mich zwischen altmodische Badeanzüge und sonnenverbrannte, verbrauchte Haut auf den hölzernen Rost, es roch nach Sonnenöl, und schaute den Wolken zu. Dabei überkam mich jeweils ein Glücksgefühl wie selten, und ich wünschte mir nur eines: dass diese Terrasse mir ganz allein gehöre, und zwar das ganze Jahr über.

    Es waren drei Wochen ungetrübter Seligkeit.

Das Petite Fleur, vor sieben Jahren eröffnetes, erstes offizielles und bekanntestes Bordell unserer Stadt, soll Mitte April zwangsversteigert werden. Vor einem Jahr hatte ich die Idee, in diesem punkto Grösse und Genre speziellen Haus alle dreissig Zimmer zu fotografieren, weil die Prostituierten sie mieten und selbst einrichten konnten. Räume haben mich immer fasziniert, und ich wollte wissen, wie weit die Mieterinnen hier Persönliches einbringen, ob es kleine Stillleben gibt, Kinkerlitzchen, Stofftiere, Fotos, oder ob alles nüchtern bleibt, nur auf den Beruf bezogen. Ich war neugierig und wollte hinter Kulissen schauen, die mir als

Frau sonst verschlossen bleiben. Ich dachte, vielleicht könnte sogar ein kleines Buch entstehen. Überdies hatte ich den Einfall, für eine Weile selbst ein Zimmer zu mieten (200 Franken pro Tag bzw. Nacht), um den Ablauf aus der Nähe zu studieren, aber auch, weil die Räume zu ganz unterschiedlichen Zeiten frei sind.

Heute wird mir klar, dass der Betreiber andere Sorgen hatte, als sich mit einer Fotokünstlerin herumzuschlagen, obwohl er dem Projekt grundsätzlich offen gegenüberstand und – damit hatte ich nicht gerechnet – sogar meine Arbeit kannte. Jedenfalls ist es nie zu einer Vereinbarung gekommen. Die Frauen selbst, vorwiegend aus Osteuropa, Südamerika und Schwarzafrika, wollten sich allerdings keinesfalls fotografieren lassen, und es soll immer wieder auch illegale Prostituierte gegeben haben. Der Betreiber war deshalb bereits zu einer bedingten Gefängnisstrafe verurteilt worden.

In den Besprechungen zeigte er sich als höflicher Mann und ausgeprägter Familienmensch, der gerne über seine Kinder sprach und dessen eine Tochter dem Bordell vorsteht. Als mir ein paar Frauen ihre Zimmer zeigten, übrigens sehr liebe und schöne Frauen, wurde ich gefragt, ob ich auch hier zu arbeiten beginne. Ich musste lachen und war fast etwas geschmeichelt.

Über den moralischen Aspekt der Prostitution, und damit meine ich nicht die Tatsache, dass Frauen diese Arbeit tun, sondern dass Frauen aus armen Ländern hierherkommen, um sie zu tun, will ich gar nicht nachdenken. Denn da geht es nicht um Moral, da geht es um Politik.

Abends gegen 20 Uhr grosse Polizeirazzia beim Parkeingang. Die Haschischdealer sind dran.

17. März
Obwohl wir uns beide noch nicht ganz gesund fühlen, mein Partner und ich, werden wir heute in der Stadt, in der ich als Kind zur Schule ging, endlich dieses Gebäude begutachten, das für eine Ausstellung vorgesehen ist.

Der Filmer sitzt an seinem Schreibtisch, in Berlin, und arbeitet an einem Exposé. Ein schönes Bild.

Ich wünsche mir einen bittersüssen, melancholischen und hyper-ästhetischen Film, einen Film wie ein *acid-trip*, ja, genau so, bei dem jede einzelne Szene darauf untersucht wird, bei welchem Licht, mit welchem Bildausschnitt, unter welchen Bedingungen sie am schönsten aufzunehmen wäre. Er ist Dokumentarfilmer und möchte die Sachen wahrscheinlich so filmen, wie sie sich darbieten. „Man soll nichts verändern", sagte er bei einer Aufnahme. Nichts zu verändern ist das, was mir am meisten widerstrebt, Dinge zu ihrem Vorteil zu verändern, das, was ich am allerbesten kann.

Wir werden uns in die Haare geraten.

Und vieles wird vom Talent des Kameramanns abhängen.

Nicht einfacher wurde die Sache nach dem Geständnis jener bekannten Filmerin, mit der ich bereits gearbeitet hatte, Dok-Filmerin auch sie, dass sie selbst diesen Kinofilm hätte drehen wollen, sie hatte dieses Projekt bereits im Kopf, als sie mich fragte, ob ihr etwa ein anderer zuvorgekommen sei. Wir haben uns umarmt und wurden beide sehr traurig, denn mit ihr hätte ich liebend gern gearbeitet.

Das hat mich eine Weile durcheinandergebracht, weil ihr letzter Künstlerfilm mir sehr gefallen hat, der Film über Dieter Roth, und auch, weil ich gerne mit Frauen arbeite, seit jeher. Alles in allem haben mehrere Leute dieselbe Idee gehabt, das Thema scheint in der Luft zu liegen. Einzig ich scheine die Notwendigkeit noch nicht ganz einzusehen, oder vielleicht ängstige ich mich bloss? Fürchte, den Ansprüchen nicht gerecht zu werden? Den Ansprüchen anderer an mich oder meinen eigenen Ansprüchen an mich selbst? Oder aber den Ansprüchen eines männlichen Filmers?

    Ja, ich fürchte mich vor diesem Film.

18. März
Wie schön ist es, bei offenen Fenstern zu erwachen. Noch im Halbschlaf erkennst du an ganz bestimmten Geräuschen, dass der Frühling wirklich da ist.

Es hat sich gezeigt, dass der Ausstellungsraum im Regierungsgebäude der Kantonshauptstadt für meine Bilder gut geeignet ist.

„Späte Jahre von Künstlerinnen". Das Thema wäre interessant gewesen, aber die Rhetorik der Kunsthistorikerin, die diesen Vortrag hielt, war dermassen schlecht, dass ich mit einem meiner Freunde den Anlass vorzeitig verlassen habe.

Immerhin habe ich noch ein Porträt von Louise Nevelson abfotografiert. Als sehr junge Frau hatte ich diese Bildhauerin mit ihren monumentalen, zumeist monochrom schwarzen oder weissen Holzreliefs in New York entdeckt und ausser ihrem Werk auch ihre Erscheinung bewundert. Genau so will ich aussehen, dachte ich, wenn ich achtzig bin, denn sie trug prachtvolle, theatralische Gewänder, Turbane, grossen Schmuck und schminkte sich bis zuletzt wie eine Operndiva für die Bühne. Es war beeindruckend! Zuletzt wurde es auch rührend, denn manchmal hingen die künstlichen Wimpern etwas schief, und schwarze Wimperntusche klebte an ihrer Wange.

Sie hat, da war sie schon tot, einen Platz bekommen in meiner Hommagen-Installation *la stanza delle donne* für eine Schau in Genua, die zuvor und danach auch in Schweizer Kunsthäusern gezeigt wurde unter dem Titel *Das Damenzimmer*. Ach, und übrigens gibt es eine Figur in der *MISS RIMINI*-Serie, ich nenne sie „Schauspielerin vor dem Auftritt", blonde Perücke in der Hand, das eigene Haar unter einem Strumpf versteckt, für die die Nevelson Pate gestanden haben könnte.

Meine Fantasie zu diesem Porträt: Die Schauspielerin hat die Rolle der Liebhaberin inne und fürchtet, dass dies ihr letztes Mal sein könnte.

Dieses Bild werde ich auf das Titelblatt des Buches setzen.

Jedenfalls haben mein Freund und ich den gestrigen Abend schliesslich anderswo verbracht. Ich erzählte ihm von dem Kunsthändler, der mich, wir sassen im Séparée eines sehr teuren Pariser Restaurants, als mögliche Geliebte in Betracht gezogen und zu taxieren versucht hatte, wie teuer ihn eine solche Frau wohl zu stehen kommen könnte, denn so ging seine Rechnung, und wie mir diese Geschichte kürzlich wieder sauer aufgestossen war. Der Freund schilderte mir daraufhin, wie sich ebendieser Mann heute in deutschen Zeitungen rühmt, Bilder gewisser Künstler für ein Butterbrot erworben und anschliessend für ein kleines Vermögen nach Amerika weiterverkauft zu haben.

Die Wintermantelzeit – was für ein hübsches Wort –, die Wintermantelzeit ist vorbei.

Rasch mit dem Kickboard in der City ein paar Runden gedreht, an der linken Hand die begeisterte Pariserin. Manche Leute lächeln uns zu.

Über Mittag mit der Kunstlehrerin ein Gang dem See entlang. Sie erzählt von ihrem Wochenende in Deutschland, bei dem sie, zusammen mit einer Gruppe netter Menschen und mit zwei Ärzten, ihren allerersten LSD-Versuch gewagt hat. Sie erzählt von diesem tiefen Blick in ihr eigenes Innerstes, und wie sie plötzlich alles begriffen hat, wie sie sich in der Welt und die Welt in sich gesehen hat, wie sie ihre Sehnsüchte erkannt hat, aber auch den Weg, der sie weiterführt in ihr eigentliches, ihr gemässes Leben. Wie sie Musik nicht nur gehört, sondern auch gesehen hat, und wie gegen Ende des Trips, im Freien, die Natur sie auf wundervolle Weise miteingeschlossen hat in ein grosses Ganzes.

Genau so, genau so.

Nachts, im Park: Die Nordafrikaner sind weg.

19. März
Ich erinnere mich nicht, dass ein Frühling je so übergangslos eingekehrt wäre. Noch eben habe ich von Schnee berichtet, von eisiger Kälte, und heute steht bereits an jeder Ecke

ein Glacéwagen, man kann gar von sommerlichen Temperaturen sprechen.

   Die Stapel auf meinen Tischen werden höher anstatt niedriger, die Notizblöcke liegen überall herum, in den Handtaschen, in der Badetasche, neben, unter und hinter dem Bett. Ich werde versuchen, mal alles auf einen Haufen zu werfen, und mich dann geduldig, Blatt für Blatt, mit dem Abtragen beschäftigen. Im Moment wünschte ich mir einen grossen, leeren Raum mit kahlen weissen Wänden. Dort könnte ich die letztjährigen „schnellen Bilder übers Jahr" sortieren, aufhängen, ordnen, in eine Übersicht und Reihenfolge bringen. Am besten würde ich mich dazu in eine andere Stadt begeben, oder noch besser, in ein anderes Land, wo ich mich mit nichts anderem zu befassen hätte.

Abendessen im Freien!

20. März
Biografien blättere ich stets von hinten auf. Ich will als Erstes wissen, wie ein Mensch alt geworden, wie er schliesslich gestorben ist. Vom donnerstäglichen Vortrag ist mir ein Passus zu der amerikanischen Malerin Georgia O'Keeffe haften geblieben. Die Künstlerin ist für viele Frauen ein Idol geworden in ihrer

archaischen Art zu leben, zuletzt nämlich
fast allein in der mexikanischen Wüste. Es gibt
ein berühmtes, hinreissendes Foto von
ihr als sehr alte Frau, stilbewusst wie stets, in
strengem, schwarzem Kleid mit weissem
Kragen. Ein schönes, leise lächelndes Gesicht
voller Falten, der Blick nach innen gerichtet,
in die Fingerspitzen hinein, die in zarter Geste
ein tönernes Objekt, vielleicht ist es ein
Krug, abtasten. Da war sie schon beinahe
blind. Ihr letztes Bild habe sie mit 80 Jahren
gemalt, erzählte uns die Kunsthistorikerin.
Gestorben sei sie mit 98 Jahren. Dazwischen
liegen 18 Jahre! Was geschah in dieser Zeit,
wie lebte sie da?

Ich schaue nach in meinem grossen Bildband. Das letzte dort aufgeführte Bild wurde
1972 gemalt, es ist ein schwarzer Stein,
black rock nannte sie ihn, auf einer weissen
Säule vor hellblauem Himmel mit weissen
Wolken. In der Chronologie heisst es:
1973–1983, also zehn Jahre lang, *travelled to
Morocco, Antigua, Guatemala, Costa Rica
and Hawaii with Juan Hamilton*.
  Juan Hamilton, Keramiker: Wer war dieser
58 Jahre jüngere Mann, der ihr das Töpfern
beigebracht hatte, als ihr Augenlicht nachliess,
und danach mit ihr diese Reisen unternahm?

Darüber erfahre ich praktisch nichts.
 Dann: *Died 1986 in Santa Fé, New Mexico*.
Sie wurde also 98 Jahre alt.

In der heutigen Zeitung mein Leserbrief, übertitelt: „Die Männer werden es nie verstehen."

Inzwischen haben nicht nur die Glacéwagen ihre Posten bezogen in der unmittelbaren Umgebung, sondern auch der Wurststand mitten im Park, die Musikanten, einzeln oder in Gruppen, die Liebespaare, strahlend und bewegungslos in sich versunken, die Punks mit ihren Hundewelpen und ihren Ratten, picknickende Familien und nachts, das mag ich am liebsten, vorne am See, die dunklen Männer, die ihre melancholischen Lieder singen und dazu tanzen, Männer unter sich. Erinnerung an Paris, das Araberviertel, wo man nicht glauben konnte, dass eine Frau sich freiwillig von ihrem Haar trennt.
 Bekannte fragen mich, ob ich einen Bogen mache um diese vielen Menschen. Im Gegenteil, sollte ich? Hier ist Leben.

21. März
Gestern zusammen mit meinem Gatten Nachtessen bei einem Freund, der damals, frisch von der Lehre, aktiv mitgeholfen hatte beim

Aufbau meiner allerersten Kunstinstallation, dem *Lachsfarbenen Boudoir,* diesem zwölfeckigen Spiegelkabinett mit Baldachin, und der Teil einer kleinen Clique war rund um all das, was ich laufend anpackte. Er hat mitverfolgt, wie mein Weg in die Kunstszene führte und dort weiterging. In einem meiner „schwarzen Bücher" findet sich ein Foto von ihm: ein zierlicher junger Mann, das Leben noch vor sich. Schwarze brillantinierte Haartolle über hübschem Gesicht mit blauen Augen und präzise gezeichneten Brauen, am Ansatz epiliert, was damals für einen keineswegs Schwulen ungewöhnlich war. Er trägt eine jener Show-Kostüm-Jacken, die ich früher entworfen hatte und die in manchen Zeitschriften abgebildet waren. „Manon aus Zürich erobert Paris" hiess es dazu, und ähnlich in ein paar ausländischen Sprachen.

Jedenfalls besitzt er die Jacke noch.
    Nun, mittlerweile ist er ein Mann von einem gewissen Volumen, man sieht, dass er in all den Jahren gerne gut gelebt hat.
    Und ich bin auch nicht mehr dieselbe.

Auf dem Rückweg zeige ich meinem Gatten das Haus, in dem ich als sehr junge Frau in den zwei oder drei Jahren meiner ersten

Ehe gewohnt hatte, das war viel früher. Ich schaue zum Fenster hinauf und erinnere mich, wie hinter diesen Scheiben ein hilfloser und verzweifelt unglücklicher Mensch lebte. Nicht jenes Partners wegen, sondern weil ich noch keine Fähigkeit zum Glück entwickelt hatte. Weil ich noch nicht wusste, wer ich bin, was ich sein will, was ich brauche, was mir gut tut. Blind stolperte ich von einem Tag in den nächsten, eine Zukunft sah ich nicht. Die Wohnung hatten wir nicht ausgesucht, sie war uns angeboten worden, wir mieteten sie unbesehen. Ich wusste noch nicht, wie wichtig der Raum ist, in dem man sich aufhält, und das Licht, und der Weg, der zum Haus führt, weil man ihn gerne gehen soll. Ich wusste nichts, nichts. Ausser, und das hatte ich mir schon als Kind ausbedungen: Ich will ein Zimmer für mich allein. Lebenslang. (Und dies ganz ohne dass ich Virginia Woolf gelesen hätte.)

Nach Monaten in einer psychiatrischen Anstalt war ich, noch minderjährig, über ein paar Umwege, zusammen mit meinem ebenfalls sehr jungen Ehemann in dieses gesichtslose Gebäude gezogen. Nordwestlicht, eine unwirtliche Strasse vor dem Fenster. Trotzdem versuchte ich mein Bestes:

Das Zimmer, mein Zimmer, sollte ein Refugium sein, in die Mitte des Raumes stellte ich einen runden Vogelkäfig. Die Vögel sassen unentwegt auf ihren Eiern, dann schlüpften die Jungen, die ich später in die Tierhandlung zurückbrachte, und der Zyklus begann von Neuem.

Das Folgende zu schildern fällt mir schwer: Es gab eine Zeit von so grosser Düsternis, dass ich zu essen aufhörte, ich verspürte nicht mehr den geringsten Hunger, und ich sah auch die Vögel nicht mehr.

Als ich wieder hinblickte, ich wog da noch 38 Kilogramm, waren sie tot. Sie waren verhungert. Beim Schreiben dieser Zeilen bin ich fassungslos und voller Scham. Ich erkenne mich nicht.

Da gibt es auch noch die Erinnerung an einen unglücklichen Hund, einen Dackel mit hängenden Ohren und langem rotem Haar genau wie ich damals, denn genau genommen bin ich rothaarig, und an eine kleine Katze, ich glaube, sie war schwarz. Der Hund ist überfahren worden, eine meiner Schwestern hatte ihn da gehütet, und auch die Katze hat kein gutes Ende genommen.

Ich bin erst später, ziemlich viel später, liebesfähig und lebendig geworden.

Heute beginne ich mit dem Ausdrucken der „schnellen Fotos übers Jahr". Mit grossen Widerständen inzwischen, denn die kreative Arbeit ist getan, es geht ums Auswerten. Doch das stimmt nicht ganz, das Zusammenstellen zu schlüssigen Bildkombinationen ist genau genommen ebenso kreativ. Aber im Kopf bin ich längst anderswo, die Bilder sind noch vom letzten Jahr.

    Ergäbe das Ganze ein Buch anstelle einer Ausstellung, wäre ich wohl mit mehr Eifer dabei.

Schon öfters habe ich mich gefragt, weshalb es in unserer Grünanlage keine Eichhörnchen gibt, so wie in New Yorks Central Park. Ich gebe also ein bei Google: „Eichhörnchen" und „Stadt". Doch auch mit der Suchmaschine erfahre ich nichts zum Thema. Ob es an den Baumsorten liegen mag? Aber da wären doch die Buchen, Buchnüsse, auch Haselsträucher, Haselnüsse, würde man denken. Ich weiss so wenig.

Und dann frage ich mich, wo sich nun alles Kleingetier verstecken soll, die Feldmaus, die Spitzmaus, auch viele Vögel sind Buschbewohner und Buschbrüter, und dann die Insekten, die Spinnen, Schmetterlinge, Käfer,

Heuschrecken, was weiss ich, die auf Sträucher und Hecken angewiesen sind, nachdem nun alles halbwegs Wilde ausgerissen wurde? Ja sogar die Fledermäuse leben teilweise im Gebüsch, und von ihnen gab es zu gewissen Zeiten nicht wenige hier, in der Dämmerung an warmen Sommerabenden flatterten sie zu Dutzenden in hektischem Zickzack über unsere Köpfe, dicht am Wasser. Das war schön.

Und was ist mit den Füchsen, die ihre Jungen aufgezogen haben hier im Unterholz? Nachts sah ich sie die Strasse überqueren, im Schnee, und oft hörte ich ihr unheimliches Bellen. Manchmal habe ich ihnen eine Schale mit Futter gebracht, am nächsten Morgen war sie leer. Denkt denn keiner der Parkplaner an dieses ganze schöne wilde Leben, praktisch mitten in der Stadt?
    Ausgerottet.

Fünf Tage nach der Polizeirazzia sind sie wieder da, die schwarzen Flüchtlinge, an der altbewährten Stelle bei der letzten noch verbliebenen Insel aus Rhododendron, dort, wo drei Wege zusammenführen, das war abzusehen. Heute Nacht steht an jeder Biegung ein Späher. Schon von Weitem höre ich diese tiefen und gleichzeitig weichen

Stimmen, die so anders klingen als diejenigen der weissen Männer.

22. März
Da sieht man, wie lange ich nicht mehr unten war, im zweiten Sous-Sol, wo mein Archiv und mein Keller-Atelier liegen. Der Filmer bittet mich um die Beschreibung eines Fotos von Benjamin Katz, von dem ich ihm, offenbar eindrücklich, berichtet hatte. Es hängt dort an der Wand.

Es zeigt zwei Maler, Georg Baselitz und Markus Lüpertz, in Amsterdam, 1989. Der Hintergrund muss das Innere eines Museums sein, weisse Wände, die Maler gehen in riesigen Schritten, als hätten sie ein weit entferntes und äusserst wichtiges Ziel vor Augen, aneinander vorbei, wobei sie, beide genau gleich in typisch männlicher Pose, die Hände in den Hosentaschen, ihre offenen Mäntel hinter sich her schwingen. Die Männer sind identisch angezogen, und zwar schwarz, beide gehen in demselben unglaublich besitzergreifenden Schritt, und obwohl man nur das Gesicht von Baselitz sieht, gibt es keinen Zweifel, dass Lüpertz denselben ernsthaften Gesichtsausdruck haben muss. Sie sind sich im Moment dieser Aufnahme ihrer ganzen Würde bewusst.

Das Bild hatte mich sehr beeindruckt und ebenso irritiert, denn nie würde eine Frau dieselbe Pose wagen, und sei sie noch so berühmt. Man würde es ihr verübeln.
    Doch genau auf diese Art und Weise will ich mir eines Tages Museumsräume zu eigen machen, dachte ich mir beim Anblick der Fotografie.

Dem vor vielen Jahren vorausgegangen war ein LSD-Trip mit dem Salamander, noch nannte ich ihn nicht so, ganz kurz bevor wir uns zusammentaten. Ich trug dabei einen weiten, sehr langen, schwarzen Mantel und überquerte einen grossen Platz mit exakt diesem weitausholenden Schritt, zupackend, und der Schwung und der Wind blähten den Mantel auf in meinem Rücken. Es war ein Gefühl von Mut und Stärke.
    Das war lange vor meiner ersten Kunstaktion.

Heute fällt mir ein, dass es Fernsehaufnahmen für eine Tagesschau gibt, die in die Nähe jenes Bildes kommen, das war 1990, ich durchschreite mit dezidierten Schritten die Räume eines Kunsthauses, wo sehr grossformatige Bilder von mir hängen. Allerdings trage ich Chanel-Schuhe und ein elegantes Kleid.

Der Direktor jenes Hauses, Roland Wäspe nämlich, der mich nach einer jahrelangen Krise mutig zu einer Ausstellung gebeten hatte, ist später zu einer Art Mentor geworden. Er war der bisher jüngste Museumsleiter weit und breit, und ich war die allererste Frau mit einer Einzelschau in jenem Haus, gleich anschliessend an Donald Judd.

„Die kleine Frau mit den grossen Bildern", sagte der Tagesschau-Sprecher damals liebevoll.
 Seither hat er sich aus seinem Beruf zurückgezogen, er fand sich zu alt.

Anfrage einer Zeitschrift – die kürzlich ein Interview brachte – für ein Porträt, und natürlich die Frage: Wann findet Ihre nächste Ausstellung statt?
 Ich will aber nicht einfach liefern, ich will abwarten, bis der Zeitpunkt da ist, wo ich sage: Hier, schaut her, diese Arbeit sitzt, ich stehe dahinter, sie ist gut.
 Und ich will auch leben!
 Ganz ohne Vertrag hat mich „mein" Zürcher Galerist seit Beginn regelmässig ausgestellt, sobald ich dazu bereit war; selbstverständlich ist das nicht. Silvio Baviera und ich sind uns seither treu geblieben.

Und oben erwähntes Heft war vor Jahren das erste, das Fotos meiner damals noch umstrittenen Kunst-Installation publiziert hatte.

Das Thema Identität gehört noch nicht sehr lange zum Repertoire der kunstspezifischen Presse.

Mir scheint, ich war sehr oft zu früh mit dem, was ich anpackte.

Nun will die Sitzung von morgen mit dem Verleger vorbereitet sein. Den Buchentwurf habe ich lange nicht mehr in der Hand gehabt. Beim Durchblättern fällt mir auf, dass ich im Lauf der Zeit ganz andere Prioritäten setze, andere Posen gut und passend finde als zu Beginn. Oft braucht es Distanz, um eine Arbeit wieder zu „sehen".

23. März
Das Drehen eines Kinofilms über meine Arbeit und Person soll zwei bis drei Jahre dauern. Dazu fällt mir spontan Folgendes ein: Angenommen, ich schreibe meine Tagesnotizen über diesen ganzen Zeitraum weiter, und bleibe dabei unbefangen, wie wäre es, sie quasi als eine Art Gerüst zu benutzen? Man könnte bestimmte Passagen zu bestimmten Themen herauslösen und hätte auf

diese Weise ehrliche und nichts beschönigende Aussagen, die mit Bildern zu illustrieren möglich sein müsste. Vielleicht würde der Filmer Wünsche anmelden, Themen anreissen, die dann ganz natürlich in diese Tagesnotizen einfliessen? Könnte mir gut vorstellen, dass er längst auf eine ähnliche Idee gekommen ist. Vielleicht das Ganze quasi als eine Art filmisches Tagebuch drehen?

Das würde Mut erfordern (von mir) und viel Vertrauen in den Filmer. In diesen Notizen kommen Erinnerungen hoch, über die ich nie gesprochen habe, zu niemandem. Sinn und Zweck ist ja genau der, dass es keine Zensur gibt, auch keine Selbstzensur.
    Der Stil, in dem ich schreibe, sagt mir, dass ich das zumindest für einen imaginären Leser tue.

Bei der Verlagssitzung wurden heute zwei Dinge diskutiert: das Erscheinungsdatum des Buches, das der Verleger verschieben und mit einer Ausstellung koppeln möchte. Ich möchte das vorgesehene Datum jedoch einhalten. Und dann die Biografie, die ein oder zwei Jahre später erscheinen soll, und wie sie zu finanzieren sei. Da gibt es Stiftungen, Gremien, Kulturförderungen, zum Glück ist das nicht meine Aufgabe.

Wie schön ist es, mitten am Nachmittag über einem Buch einzuschlafen, einen Sonnenfleck auf dem Gesicht, die Schwarze und die Dreifarbene zu Füssen, ihren Blick unverwandt auf meine geschlossenen Augen geheftet, denn es könnte sein, dass ich erwache, aufstehe und Futter hole.
   Die Fenster halb offen, im Hintergrund sommerliche Geräusche, ein Gitarrenspieler weit entfernt im Park, fröhliche Menschen unten am See.

Die Bibliothek liegt in der Nähe des Verlags, Gelegenheit, ein paar Bücher zurückzubringen und zwei neue zu holen, davon eines, auf das ich mich schon lange freue. Sowohl mein Gatte als auch ich haben der schwelenden Erkältung nie richtig nachgegeben, das rächt sich jetzt. Oder besser gesagt: Das nutze ich jetzt.

Schon immer war mir der Moment, die Gegenwart – falls irgendein Zauber darin lag – wichtiger als das, was die Zukunft mir böte, wenn ich meinen Pflichten nachginge. Habe ich denn Pflichten? Gibt es irgendeinen

Menschen, der eine neue Ausstellung von mir erwartet? Ehrgeiz?

Ich habe meine Arbeit getan. Mehr als bisher zur Kenntnis genommen wurde.

Gäbe es nichts als Bücher, allein dafür lohnte es sich schon, zu leben.

Nach dem Tod meiner Mutter fand ich voller Verblüffung eine grosse und sorgfältig zusammengestellte Bibliothek vor. Alle modernen Klassiker waren vertreten. Sie soll zeitweise eine süchtige Leserin gewesen sein. Und wenn ihr Leben auch zweifellos ein missglücktes war, wenigstens dieses Vergnügen war ihr, sofern sie nicht depressiv in einer Klinik „versorgt" war, wie man das damals nannte, gegönnt. Denn auch sie wurde von ihrem alles bestimmenden Ehemann regelmässig entfernt, wenn es Probleme gab. Dafür waren die Kliniken ja da.

Hier muss ich mich bremsen: Ich nähere mich Stellen, denen ich mich nicht aussetzen will, nicht jetzt, gerade eben noch war ich glücklich.

Es ist ja gut, es ist vorbei.

24. März
Als Kind spürte ich, dass etwas nicht stimmen konnte im Umgang der Geschlechter miteinander. Ich hätte es nicht genau benennen können, denn die Verhältnisse waren verschleiert, und ich glaube, ganz genau betrachtet, sind sie es heute noch, auf andere Weise.

Die Frauenbewegung war noch weit entfernt. Man darf nicht vergessen, dass das Frauenstimmrecht in der Schweiz erst im Februar 1971 eingeführt wurde!

Eines wusste ich sehr früh: Ein Leben, wie es mir die Frauen damals vorlebten, kam für mich nicht infrage. Ich schloss Kinder und Familie deshalb aus, denn lebenslang von einem Mann, einem einzigen Mann noch dazu, abhängig zu sein, wie es meiner Mutter mit vier Töchtern geschah, kam mir nicht erstrebenswert vor. (Für sie selbst war es ein Drama.) Ausserdem schienen Männer Freiheiten zu haben, die die Frauen sich nicht nahmen und auch nicht nehmen durften. Ich fragte mich, wie es kam, dass die Männer sich so beherrschend gaben, gleichzeitig die Frauen aber begehrenswert fanden, unverzichtbar gar, sie jedoch so wenig achteten.

Ich wollte Respekt.

Ich erinnere mich gut, wie ich mich als ganz junges Mädchen im Gespräch mit Männern instinktiv dümmer stellte, als ich war, hilfloser auch, weil ich genau wusste, dass ich damit ihr Wohlwollen gewann. Meine Freundinnen machten es ganz genauso. Wir machten den Männern damit eine Freude, das Rezept war einfach, und man fand uns reizend.

Natürlich gibt es keinen objektiven Grund, weshalb Frauen hilfloser oder weniger intelligent oder weniger begabt sein sollten als Männer, aber auch heute noch stellen sich manche Mädchen so dar, man würde es nicht glauben, und das mit Erfolg! Es hat sich vieles geändert, und doch so wenig. Und noch immer halten die Männer in der Wirtschaft und in der Politik und an den Universitäten zusammen und lassen Frauen eher zögerlich an ihre Pfründe, so oder so müssten diese anders gestaltet sein, um auch Frauen wirklich glücklich zu machen.
    Denn: Wohin mit den Kindern, kaum eine Frau hat einen Mann im Hintergrund, der Erziehung und Haushalt übernimmt – oder zumindest die Hälfte davon –, um ihr den Rücken freizuhalten.

Darauf müssen wir noch lange warten.

In wie vielen Filmen jener Zeit spielten die besonders begehrten Frauen das Dummchen? Man denke an das berühmteste Sexsymbol aller Zeiten, an Marilyn Monroe. Ein „Körper" hatte nicht gescheit zu sein, ja, mehr als das, er durfte nicht gescheit sein. Marilyns Trick war, den Körper einer reifen Frau mit dem Gesicht und der Mimik eines ganz kleinen Mädchens, eines süssen, hilflosen Geschöpfs zu verbinden. Das kam an, und ich glaube, die Männer hielten es für echt.

Die Schauspielerin hat daran gelitten, denn vermutlich hat sie durchschaut, dass sie wohl nie ganz einfach sie selbst sein durfte. Das Altern ist ihr erspart geblieben, es hätte nicht gut ausgehen können. Mein Vorbild war sie nicht.

    Ganz anders Marlene Dietrich. Auch sie war hocherotisch, auch sie wurde angehimmelt, aber ich glaube nicht, dass Männer sie als zu verführendes Objekt sahen. Sie hat diese ganz schmale Gratwanderung versucht, wo sie als Frau begehrenswert war, aber die Zügel in der Hand behielt.

Alles an ihr war artifiziell, alles war hergestellt, daran gibt es keinen Zweifel. Aber wie überlegen, wie kunstvoll!

In einem sehr frühen Interview nannte ich sie einmal das grösste lebende Kunstwerk.
   In ihren späteren Jahren hat sie sich distanziert von ihren Filmrollen, sie fand sie albern.
   Das bedaure ich.

Sehr genau besinne ich mich an ein Zeitungsinterview mit einem Journalisten, der mich über meine ersten Kunstaktionen, die damals für Aufsehen gesorgt hatten, befragte. Von Anfang an spürte ich, dass er mich nicht ernst nahm, ich war für ihn ein hübsches, ausgeflipptes Mädchen, das Arbeiten in den Raum stellte, die er nicht verstand. Irgendwann wies ihn ein Begleiter darauf hin, ich sei übrigens die Tochter jenes verehrten Hochschulprofessors, bei dem er sein Studium abgeschlossen habe. Da hat sich sein Gesicht vor meinen Augen verändert, er wurde respektvoll, stellte mir ganz andere Fragen und begann endlich ein ernsthaftes Gespräch.

Dabei können auch Hochschulprofessoren dumme Töchter haben.

Jede Frau kennt diese Geschichten, jede Frau könnte solche Mikro-Verletzungen aufzählen.

Manche gewöhnen sich so sehr daran, dass sie sie nicht einmal mehr wahrnehmen.

Privat solchen Situationen eher wenig ausgesetzt, hat sich in meinem Leben als Künstlerin die Problematik verschärft dargestellt, weil ich stets auch mit meinem Körper – meinem Frauenkörper, ich habe keinen anderen – gearbeitet habe. Ich war mir der Zwiespältigkeit dieser Ausdrucksform stets bewusst.
    Männer haben zur gleichen Zeit dasselbe getan, aber das wurde anders bewertet. Heute, aus der Distanz, sieht man diese Dinge klarer.

„Müssen Frauen nackt sein, um Eingang ins Metropolitan Museum zu finden?", fragten sich die Guerilla-Girls, ein humorvolles, anonym bleiben wollendes feministisches New Yorker Künstlerinnen-Kollektiv, das seit 1985 mit Performances in der ganzen Welt auftritt.
    Denn: *„Less than 5 % of the artists in the modern art section are women, but 85 % of the nudes are female."* Oder: *„Advantages of being a woman artist: having the opportunity to choose between career and motherhood"* sowie *„knowing your career might pick up after you're eighty"*.

Sie haben eine ganze Liste aufgestellt zum Thema.

Noch immer leben wir in einer Welt, die vorwiegend von Männern für Männer gestaltet ist.

Von der Fernsehredaktorin, die ich um eine Sendung bat zum Thema „Fattenbergs verbaler Ausrutscher", Antwort erhalten. Sie findet das Thema ebenso wichtig und wird es, wenn irgend möglich, an die Hand nehmen.

Von der Redaktorin einer Zeitschrift eine Mail, sie habe mit einem Museum Kontakt aufgenommen und man habe ihr versichert, dass *Das lachsfarbene Boudoir* im nächsten Jahr rekonstruiert werde. Sie werde darüber schreiben. Auch gut.

Und nachts im Park, ich war erneut mit Schere und Schnüren für Meisenknödel unterwegs, ein Grosseinsatz der Polizei mit Stirnlampen und Suchhunden auf der Pirsch nach versteckten Drogen in den noch verbliebenen Rhododendronpflanzen. Es sah so gespenstisch aus wie in einem Kriminalfilm. Hoffentlich halten sie meine Futterkugeln nicht für gut getarnte Drogen.

25. März
Heute früh: Mehrere Futterpäckchen sind weg. Liegen sie in einem Polizeilabor?
Beim Morgenkaffee im Parkrestaurant reden wir über unsere Hunde, und über Katzen, dann über Hühner, Gänse, die Schweine sollen besonders intelligent sein, und, ja, über einen Bären, der meine Tischgenossin unvermittelt in ihrem Garten erschreckt hatte, früher, in Kanada. Sie muss in meinem Alter sein, wunderbar hergerichtet, ich muss sagen, es gibt sehr schöne Frauen in dieser Altersklasse. Wäre ich ein Mann…

Nur nicht unsichtbar werden lautet der Titel des Buches einer interessanten irischen Schriftstellerin um die fünfzig, Nuala O'Faolain, das ich gerade lese.
   Davon kann keine Rede sein.

Man habe ihr gesagt, ich sei eine bekannte Künstlerin. Ob ich noch aktiv sei, fragt mich eine nette Unbekannte.
   Nun ja… nicht sehr, zurzeit. Das Leben hat Vorrang. Es ist beinahe Frühling.
   Ich glaube, ich würde diese unverbindlichen Begegnungen vermissen, wenn ich aufs Land zöge, was ich immer wieder mal in Betracht ziehe.

26. März
Es wird Zeit, die Winterkleidung in den Keller und die leichten Sachen nach oben zu bringen.

Kleidung und Schmuck als Philosophie: Ich habe stets meine eigene Mode gemacht und wurde früher nicht selten kopiert.

Vorbild ist mir heute die chinesische Arbeiterkluft, einfach, streng, schön. Ich suchte in den Chinesenvierteln von Paris und New York nach diesen Unisex-Kostümen, und ich fand ein Modell, das wie auf Mass gearbeitet ist. Davon habe ich ein Muster abnehmen lassen, das nun in einem Nähatelier bereitliegt, ein Telefonanruf, und es wird nachgeschneidert. Meine Vorgabe ist simpel: Funktionalität und Ästhetik, fast muss ich an die Bauhaus-Philosophie denken. Puristisch im Schnitt, denn ich will auch in zehn Jahren damit modern aussehen. Und es muss zu jeder Lebenslage passen, also zur Arbeit ebenso wie abends mit einem Turban aus türkisfarbenem Samt.

Hohe Absätze machen sexy, aber nur, wenn man ganz bestimmt auf keinen Bus aufspringen muss.

Zu Hause einfach geschnittene schwarze Kimonos. Ich bin mir sicher, dass dies später zu mir als alter Frau mit grauem Haar genauso passen wird.

Doch um ganz ehrlich zu sein: Sähe der Filmer mich abends daheim, so wie mein Mann mich sieht, ungeschminkt, Nachtcreme auf dem Gesicht, der Kimono womöglich voller Tierhaare, würde ich wohl nicht ganz seiner Vorstellung als Zentrum seines kommenden Filmes entsprechen.

Es gibt noch ein weiteres Kleidungsstück, das mir gut gefällt: Es sind diese langen, ganz einfach geschnittenen Kleider, wie arabische Männer sie tragen, in der Hitze. Ich besitze ein paar davon. Von Erté, diesem einmaligen Kostümentwerfer für die grossen Pariser Erotik-Shows und auch für manche Hollywoodfilme, gibt es ein Foto in solchem Gewand in seinem Garten in Tunesien, er trägt dazu einen grossen Sonnenhut aus Stroh, da ist er bereits 95 Jahre alt. Ich liebe dieses Bild.

(Und übrigens ist er da im Begriff, sein Haus umbauen zu lassen... Was für ein Optimist!)

Meine ganz frühen modischen Vorbilder waren nicht etwa Frauen, sondern es waren zwei männliche Schauspieler: Pierre Clémenti in einem Ledermantel ganz bestimmten Zuschnitts, Stöckchen mit Silberknauf – und im Mund einen Goldzahn – wie in *Belle de jour* von Buñuel. Ebenso Humphrey Bogart – und nicht etwa seine Partnerin Ingrid Bergman – in einem frühen Filmklassiker, *Casablanca*, unvergessen, mit Trenchcoat und Herrenhut. Letzteres war lange Zeit quasi meine Uniform.

Ich fürchte, den Filmer wird das wenig interessieren, und das Folgende erst recht nicht.

Nämlich Schmuck: Fast alles, was ich besitze, wurde nach eigenen Entwürfen gefertigt, denn ich bin mit einem Goldschmied befreundet.
    Allerdings war es mein Gatte, der damit begonnen hatte, Titel meiner Ausstellungen auf schwere und sehr breite silberne Armreifen gravieren zu lassen, die sich seitlich öffnen lassen, fast wie Handschellen, und ich habe diese Idee weiterverfolgt. (Ganz zu Beginn war es zwar eine bestimmte Telefonnummer, nämlich die seine, die eingraviert wurde.)
    Inzwischen gibt es so viele Armreifen mit verschiedensten Inschriften, dass ich mich von den Handgelenken bis zu den Schultern damit schmücken könnte.

Dazu kommen nicht wenige silberne oder goldene Glieder-Armbänder mit Anhängern, von denen jeder einzelne mit meinem Leben

zu tun hat: Ein Ehering baumelt daran, von
früher, als das Geld nur für ein vergoldetes
Modell gereicht hatte; beinah unleserlich ist
die Inschrift geworden, jedenfalls war es
ein Dezember. Ein Goldnugget, Geschenk des
Goldschmieds. Ein Kreuz, das meiner
Mutter gehört hatte, allerdings ungetragen.
Ein kleines silbernes Ei, das man aufschrauben kann, seinerzeit mit einer hübschen
erotischen Nachricht versehen. Die winzige
Nachbildung eines Chihuahuas (mein erster
Hund) und eine Koralle, deren Gegenstück
der schöne Künstler am Hals trug. Eine kleine
goldene Uhr in Kugelform, rückseitig ist
durch Glas das Miniatur-Uhrwerk zu sehen:
das Geschenk einer Künstlerin, die mich
geliebt hatte vor sehr langer Zeit. Ein Milchzahn ist dabei, in Gold gefasst, der verstorbene Baron von Beck hatte ihn mir anvertraut.
Ein elfenbeinfarbener Dominostein, auf
dessen Rückseite die Jahreszahl 2004, womit
das wohl zusammenhing? Es will mir nicht
einfallen. Und schliesslich und endlich
zwei Amulette, die mit der Herkunft meines
heutigen Gatten zu tun haben.

Ein schweres Kettenarmband trägt das Datum
23.1.84 eingraviert, ein besonders wichtiger
Tag, gute zwanzig Jahre zurück: der erste Tag

meines Entzugs. Ein anderes wurde mit elfenbeinfarbenen Würfeln bestückt, und ein weiteres mit vergoldeten Hundemarken, runden und sechseckigen, sie stammen von Tieren, deren Asche ich in schwarzen Porzellandosen aufbewahre. Und es gibt einen ganz schmalen Goldreif, anscheinend getragen von meiner Mutter, nach ihrem Tod übernommen, trotz allem.

Manchmal frage ich mich, ob später einmal andere Menschen diese so persönlichen Einzelstücke besitzen oder gar tragen werden?

Dazu kommen Armreifen aus Ebenholz, aus Elfenbein, aus Horn und aus Schildpatt, sie haben auf verschlungenen Wegen zu mir gefunden, und honig- bis bernsteinfarbene Reifen aus Bakelit, jenem Vorläufer von Plastik nach der Jahrhundertwende, der diese differenzierten Farben hervorbrachte. Und solche mit Oberflächen aus Perlmutt. Auch grob gezackte aus schwerem Eisen. Werden sie eines Tages auf dem Müll landen?

27. März
Morgens Besprechung zu einem Workshop plus Vortrag, den ich im Herbst halten soll, in Kombination mit einer Ausstellung. Dabei

werde ich, und das freut mich sehr, meine liebe Bekannte mit Doppelnamen wiedersehen, sie wird ihrerseits einen Vortrag halten. Ihr Thema: Politik. Meines: Identität.

Mit leichter Sorge frage ich mich, was mit meinen Sammlungen an geliebten Objekten einst geschehen wird, die sich in meinem Spiegelzimmer und auch im Arbeitsraum und somit in meinem Leben zusammengefunden haben.
 Fast alle tauchen auf die eine oder andere Weise auch in der einen oder anderen Arbeit auf, wie könnte es anders sein, Leben und Arbeit zu trennen würde mir schwerfallen.

Muscheln aller Art in den verschiedensten Farben und Formen, riesengrosse und auch kleine, manche fast anzüglich in ihrer Gestalt. Weiss schillernd bis zartrosa, creme- oder lachsfarben, auch getupft oder gestreift. Manche aussen matt und innen glänzend. Spitz zulaufende und solche mit gezackten Rändern. Schalenförmige mit perlmutterner Innenfläche. Solche mit dezenten Öffnungen und andere beinahe obszön.

Einige besonders erotisch anmutende Muscheln finden sich bereits in meiner allerersten

Kunstinstallation, „angerichtet" auf einem üppig bestückten halbrunden Tischchen links des satinbezogenen Betts.

Im Zuge meiner Genueser Ausstellung wiederum hatte ich eine Anzahl identischer lachsroter Muscheln mit Sockeln und unterschiedlich beschrifteten Metallplaketten versehen, im Innern mit Lichtern ausgestattet, und damit einen grossen, mit schwarzem Molton ausgeschlagenen Raum beleuchtet. Er sah sehr geheimnisvoll aus.
    Der italienische Freund und Fotograf Alberto Terrile hatte eine davon für eine Postkarte abgelichtet, das Modell steht heute ganz links aussen auf meinem Toilettentisch, die Plakette trägt die Inschrift „Arte".

Dann finden sich in meinem Zuhause weitere wundersame Unterwasserobjekte wie Seesterne, geschwungene Häuser von grossen Wasserschnecken und schwammartige oder durchscheinend filigrane Gebilde, die zu beschreiben schwerfällt.
    Eine ganze Welt.

Kristallkugeln und Glaskugeln. Eine besonders grosse Kristallkugel einer Zigeunerin abgekauft in Wien nach einer Ausstellung, die mich nicht ganz glücklich gemacht hatte. Eine andere von einer mir bekannten Wahrsagerin geschenkt bekommen, ganz unverdient, und weitere Kugeln haben da und dort zu mir gefunden.

    Abergläubisch bin ich nicht.

Parfum, eine vielgestaltige Sammlung, deren Umfang durch einen tragischen Todesfall verdoppelt wurde. Es gibt Flaschen und Fläschchen, verspielt in der Form oder aber streng, es gibt runde, eckige, hohe schmale und auch kleine breite Flaschen und eine in der Form einer geschlossenen Lotosblüte, eine andere wiederum in Gestalt eines weiblichen Körpers. Solche mit goldenem oder silberfarbenem Deckel oder mit Verschlüssen aus Kristall oder geschliffenem Glas. Verschlüsse in Kuppelform, in Form eines Sterns oder einer Koralle oder von zwei Turteltauben.

Als Unikat ein fast leeres Fläschchen aus dickem gerilltem Glas mit goldfarbenem Schraubdeckel – der Duft ist noch immer wahrnehmbar –, das ich aufbewahre seit langen Jahren. Es stammt von der Künstlerin Sonja Sekula, denn sie war es, die mich als sehr junges Mädchen aus der Psychiatrischen

Klinik, wo wir uns kennengelernt hatten, zu sich nach Hause holte, und so kam ich in diese Stadt. Inzwischen ist sie – nachdem sie in den USA längst Erfolg hatte – endlich auch hier bekannt geworden.

Wenn sie das geahnt hätte.

Dies geschah lange nach ihrem Selbstmord.

Diese Glasobjekte stehen in meinem „Wunderschrank". Unten befinden sich zwar ganz praktisch meine Kataloge und Bücher, oben hingegen gerahmte Fotos von Menschen aus meinem Leben. Ein Bild, das ich besonders liebe, zeigt meinen Mann und mich, innig zugewandt, zusammen mit einer Katze, die er mir eines frühen Morgens, ich lag da noch im Bett, aus Amsterdam mitgebracht hatte.

Dann gibt es auch ein Porträt des Künstlers El Lissitzky und eins von Giuseppe Penone mit verspiegelten Augenlinsen. Und ein Bild jenes vergoldeten Phallus aus Bronze von James Lee Byars sowie eines liegenden, ebenfalls goldfarbenen Kopfes von Brâncuși. Und so weiter.

Aber dahinter, gut versteckt, mehrere Dosen aus Porzellan und auch solche aus silberfarbenem Metall, darin die Asche meiner verstorbenen Tiere.

Doch das weiss nur ich.

Dann gibt es die grossen sogenannten Factice-Flaschen, zumeist Geschenke von meinem jungen Gatten.

Die schönste aller Parfumflaschen aber ist diejenige von Chanel N° 5, bis heute unübertroffen in ihrer strengen Form.

In *Manons Rettungsdienst*, diesem cremefarbenen stromlinienförmigen Krankenwagen, lasse ich Chanel N° 5 aus der Infusionsflasche tröpfeln.

Der Modeschöpferin Coco Chanel wiederum hatte ich in meiner Rauminstallation *Das Damenzimmer* – ebenfalls im Besitz eines Kunstmuseums – eine mit Satin ausgeschlagene Schatulle gewidmet in der Farbe Schwarz, das schien mir passend.

Eier. Vom Strauss und vom Nandu, weisse, schwarze und elfenbeinfarbene mit handschmeichlerischer Oberfläche. Auch Eier von kleineren Vögeln, grau mit Sprenkelungen in Schwarz und Weiss. Selbst künstliche Eier finden sich da, aus Glas, in Lindgrün und in Blau, aus Elfenbein, und aus Bakelit zum Öffnen mit ganz feinen Scharnieren, darin ein elfenbeinerner Schlüssel. Mein erster Gatte brachte ihn mir vor Kurzem aus Indien, es sei der Schlüssel zu ewiger Jugend, da sage ich nicht nein. Auch ein goldfarbenes ist dabei, sein Inhalt bleibt geheim. Das ungewöhnlichste Ei ist nur fünf Zentimeter hoch, aber recht schwer, burgunderrot und in einem ausgeklügelten Muster mit Strasssteinchen besetzt. Es steht auf silbernen Füssen und besitzt ein Scharnier, das heisst, man kann es öffnen, und in seinem in Schwarz gehaltenen Inneren liegt eine schwarze Perle. Genau genommen eine frühe Mini-Kopie von einem Fabergé-Ei. Eines Tages stand es zwischen Lippenstiften und Puderdosen, beinahe hätte ich es übersehen: Mein Mann hatte es in Wien aufgestöbert.

    Da fällt mir ein, dass mein allererstes Kunstobjekt, lange bevor ich mir einen Namen machte, mit Eiern zu tun hatte. Da gab es eine ovale Schale aus Metall, darin aufgeschichtet wohl ein gutes Dutzend Eier aus Gips. Die Hand einer Schaufensterpuppe leitete über zu einem schwarz-weissen, runden Ziffernblatt aus Email, welches von einer medizinischen Zange flankiert wurde. Ich weiss nicht mehr, ob ich mir der Symbolik des Sujets bewusst war. Jedenfalls erinnert das Arrangement an die Assemblagen von Daniel Spoerri, der damals gerade gross im Kommen war. Die Arbeit wurde ausgestellt, ich erinnere sogar noch den Namen der Galerie ; aufgelistet ist sie nirgends. Doch es gibt ein ganz kleines Foto davon, eins jener Bilder, die noch einen weissen gezackten Rand aufweisen. Das Objekt selbst habe ich wohl bei einem der vielen Umzüge zurückgelassen.

Inzwischen habe ich erneut mit Eiern gearbeitet, mit Strausseneiern zumeist, zerbrochenen und intakten. Die Installationen sind da und dort abgebildet.

Unvergessen übrigens die überdimensionalen weissen Polyester-Eier von Herbert Distel, Berner Künstler, der sie auf der Aare hat schwimmen lassen und eines gar auf eine Atlantiküberquerung schickte. Da war er noch sehr jung. Ich war hingerissen. Was hätte ich darum gegeben, ihm eines seiner Objekte abkaufen zu können. Später dachte ich daran, ihm einen Tausch mit einer eigenen Arbeit anzubieten, aber dafür schien ich mir nicht berühmt genug. Noch heute würde eins seiner Eier auf meiner Wunschliste stehen. Doch der Künstler lebt längst im Ausland.

Ein besonders magisches Ei aus weissem Marmor, in der Form ganz leicht in die Länge gezogen, besitze ich bloss als Fotografie : Es ist dasjenige von Brâncuși, entstanden

1916, *Sculpture for the Blind (Beginning of the World).* Das Bild liegt derzeit, zusammen mit einigen der oben beschriebenen realen Eier, auf einem hübschen schwarzen Tisch aus der Zeit des Bauhauses, den ich mit einem elfenbeinfarbenen Schachbrettmuster versehen habe.

Skelette von zarten Vogelköpfchen mitsamt Schnabel und Wirbelsäule.
   Der Schädel eines grösseren, mir unbekannten Tieres mit je sechs Zähnen auf jeder Seite, vom ehemaligen Schauspielschüler, heute Fernsehdarsteller, kürzlich geschenkt bekommen. (Auf eine wöchentliche Sendung mit ihm war ich monatelang süchtig.)
   Und dann der Kopf eines toten Fuchses, den ich im Wald gefunden, mitgenommen und eigenhändig präpariert habe. Zum Austrocknen auf den Balkon gelegt, und siehe da: Nie gesehene wunderschöne, grosse, grün schimmernde Käfer tauchen auf aus dem Nichts, um allerkleinste Reste aufzutupfen.

Ein zierlicher Affenschädel – ich glaube, ein Geschenk vom Salamander – hat seinen definitiven Platz gefunden auf einem schwarzen Tischchen rechts vom Bett, inmitten all der anderen speziellen Dinge, im *Boudoir*.

Fast hätte ich vergessen, einen menschlichen Schädel zu erwähnen, er hat ein kreisrundes Loch gleich neben der Schläfe, ein Einschuss. Das Delikt ist wahrscheinlich verjährt, ich meine, meines: gestohlen nämlich in den Pariser Katakomben. In meiner Arbeit kommt dieser Schädel öfters vor, zum Beispiel als Bild in der Fotoserie *Forever Young*, für eine Galerie in Mailand und Chicago, anschliessend auch in „meiner" Zürcher Galerie zu sehen. Auf der Rückseite eines Katalogs dazu habe ich ihn mit einer rosafarbenen phallischen Pappnase versehen.

Vogelnester kann ich nicht liegen lassen, es gibt weich ausgepolsterte, auch zerzauste, sowie perfekte und dicht gewobene, kleine und grosse. Gefunden im Lauf der Jahreszeiten, zumeist nach einem Sturm. Spannend, was sich darin alles findet: Kaugummipapier, sogar Münzen, Federn sowieso, Menschenhaar, Reste von Schnur und dieses und jenes.

Fächer in Weiss und in Schwarz und in Rot, auch in Zartrosa, matte und lackierte. Grosse und kleine Fächer, runde, ovale, feste oder solche, die sich öffnen lassen. Riesige Fächer aus Federn, oder solche aus Leinen, und auch aus bemaltem Papier.

Mehrere davon, aus rosafarbenen oder weissen flaumigen Federn, und eines aus einem Palmblatt, finden sich wie manche bereits oben genannten Dinge ebenfalls in meinem zwölfeckigen Kabinett.

Mindestens zwei wiederum übernehmen eine Rolle in der bereits erwähnten Fotoarbeit *Forever Young,* einer davon, in der Form eines umgekehrten Herzens, ist gar auf der Titelseite des Katalogs abgebildet.

Und so fliesst früher oder später alles in meine Arbeit ein.

Oder ist es umgekehrt?

Aber die Federn!

Schwanenfedern. Straussenfedern. Perlhuhnfedern. Federn vom Königsfasan. Federn vom Eichelhäher. Von Enten und von Pfauen. Marabufedern. Federn von Rabenvögeln. Taubenfedern.

Federn vom Goldfasan und vom Silberfasan. Ja, selbst Adlerfedern sind dabei.

Es gibt eingefärbte Exemplare, so wie sie in den Pariser Variétés für Kostüme benutzt werden. Oder lange schmale, spitz zulaufende Federn mit schwarzer Sprenkelung auf Braun. Auch solche mit abgerundeten Enden in zarten Pastellfarben. Lindengrüne, stark gebogene, mit schwarzen Spitzen. Oder weisse mit dunklem Kiel, und schwarze gerundete Federn mit perlmuttartigem Glanz.

    Früher wurden sie kunstvoll auf Damenhüten angebracht, einer der letzten Salons in unserer Stadt musste Konkurs anmelden und hat mir nicht wenige davon verkauft. Um nicht zu sagen: beinahe geschenkt.

Ich könnte hier weiterfahren mit diesen oder jenen besonders hübschen, wenngleich nicht ausgesprochen kostspieligen Objekten.

50 things to do before you die nennt sich eine Fernsehsendung in Fortsetzung auf BBC. Eines davon: sich von Dingen trennen.
    Ich kann es nicht. Noch kann ich es nicht.

28. März
Was aber geschieht mit den wohl mehr als dreissig übervollen Negativ-Ordnern, aufgereiht in einem ehemaligen Putzschrank? Nie mehr angeschaut.

Heute meinem Ehemann das Zugeständnis abgerungen, im Pariser Tierasyl einen weiteren Hund auszulösen, das Elend dort ist gross. Gleichzeitig erzähle ich ihm von meinem Herzenswunsch, einmal noch in der

Cité Internationale des Arts in ebendieser Stadt für ein weiteres halbes Jahr eines der Ateliers zu beziehen, und zwar ein ganz bestimmtes: dasjenige, dessen Fenster direkt auf die Seine gehen. Denn abends, wenn die mit vielen Lämpchen bestückten Touristenboote vorbeiziehen, wandern deren Lichter ganz langsam und ruhig der Decke entlang über den ganzen Raum hinweg. Magie.
    Tiere sind dort jedoch nicht erlaubt.
    Beides wünsche ich mir gleichermassen.

Der Filmer denkt an Aufnahmen in Paris, und an die Reise dorthin.
    Meine Vorstellungen dazu: Ein geschlossenes Zugcoupé, von mir umgestaltet in ein extravagantes, elegantes kleines Kabinett, auf eine längere Reise ausgerichtet. Vor Augen habe ich Bilder jenes Sternberg-Filmklassikers mit Marlene Dietrich und ihrer Begleiterin, einer geheimnisvollen Asiatin, die mir fast noch besser als die Hauptperson gefiel, S*hanghai-Express* heisst der Streifen.
    Vermutlich ist der Dok-Filmer nicht der Mann, der ebenfalls dieses Bild vor Augen hat.
    Ich höre das monotone Rattern der Wagenräder, fühle das Rütteln, draussen Landschaft, Grau in Grau, sonst nichts. Daraufhin könnte

man überblenden zu den Schwarz-Weiss-
Aufnahmen, die wir seinerzeit in der Eisenbahn
Paris–Zürich aufgenommen hatten, sie
sind auf hartem Papier vergrössert, etwas
körnig, mein Kopf noch kahl rasiert. Aber
Abteil zweiter oder womöglich dritter Klasse.

Da erinnere ich ein Zugcoupé Zürich–Genua,
mein heutiger Ehemann und ich, zwei Hunde,
drei Katzen und viel Bagage, wir hatten das
Abteil für uns reserviert. Eine Katzentoilette
kam unter die Bank, die Katzenbetten auf
die Hutablagen. Auch Wasser- und Fressnäpfe
fanden ihren Platz. Wir richteten uns wohn-
lich ein und hatten ein hübsch hergerichtetes
Picknick dabei. Es war eine unvergessene
Fahrt in ein halbes Jahr Atelier in Italien.

Soeben, und zum dritten Mal, am Fernsehen
den Film *Hans im Glück* gesehen von Peter
Liechti, diesem ganz wunderbaren Filmer. Auch
diesmal hätte ich zwar, wüsste ich es nicht
besser, in den ersten zehn Minuten wegge-
zappt. Dann aber plötzlich dieser intensive Sog,
du kannst und willst nicht mehr aussteigen,
obwohl das Thema mit dir und deinen Inter-
essen nicht das Geringste zu tun hat, und die
Bilder auch nicht. Oberflächlich betrachtet
geht es um nichts Weltbewegenderes als einen

Mann, der das Rauchen aufgeben will. In Tat und Wahrheit geht es um alles, um das grosse Ganze, um Leben und Tod, und es ist ein wunderbarer Film, und übrigens der Filmer ein wunderbarer Mensch.

Ganz unvergesslich auch der Streifen, den er zusammen mit dem Ostschweizer Künstler und Sprengmeister Roman Signer gedreht hat. In einem Kulturzentrum habe ich *Signers Koffer* sogar einmal kuratiert. Später erzählt mir der Filmer, dass diese Zusammenarbeit die beiden Freunde schliesslich auseinandergebracht habe.

Wie auch immer: Auch in „meinem" Film soll es um „alles" gehen.

In meinen Notizbüchern frühere Aufzeichnungen gefunden, die beschreiben, wie ich mir diesen Film wünschen würde, das war noch, als die Umstände anders und der Filmemacher nicht derselbe war. Ich sollte das alles vielleicht mal durchlesen.

Jedenfalls waren schon damals heftigste Widerstände da.

29. März
Zudem gerade eben im Computer einen Teil meiner Aufzeichnungen gefunden und gelesen, die ich für die Biografie notiert, der

Journalistin dann aber doch nicht gezeigt
hatte, denn ich genierte mich zu sehr.
Diese beschreiben eine Zeit vor den Jahren
in Paris. Ob der Filmer sie lesen sollte?

Im Kino endlich den chinesischen Film *2046*
von Wong Kar-Wai gesehen. Er ist sehr lang,
und momentweise konnte ich der Story
nicht mehr ganz folgen, aber die Aufnahmen
des Kameramanns Christopher Doyle sind
zum Niederknien schön, mir stockte immer
wieder der Atem! Stark stilisierte Bilder,
sinnlich, betörend, rätselhaft, bittersüss,
glamourös, hypnotisch, melancholisch, hoff-
nungslos romantisch, ein Wunder an Schönheit. Der Soundtrack mit Opernarien und mit
Liedern von Nat King Cole und mit klassischen
Symphonien und geheimnisvollen Hinter-
grundgeräuschen ganz ebenso berückend.
    Ein Melodram in Vollendung.
    Von solchen Bildern träume ich.

30. März
Ich stelle mir vor, dass das Hotel St-Jaques in
Paris – falls man dort drehen will, wo ein
erster Teil meiner Fotobilder *la dame au crane
rasé* entstanden ist – auf dieselbe Weise
dargestellt werden könnte. Das Zimmer eine
ganz in sich geschlossene Welt: der kleine

Raum mit den Rosentapeten, den geblümten Bettüberwürfen, unserem Campingaz-Kocher, dem lachsfarben gestrichenen Überseekoffer, den verstreuten Kleidern, dem Arbeitspult, aus Platzmangel quer übers Bett gestellt, der zerbrochenen Fensterscheibe, dem Bidet und dem Lavabo mit Fotopostkarten rund um den Spiegel, und mit den an einer Schnur aufgehängten Negativstreifen. Es gab sogar eines dieser typisch französischen Cheminées, in der Regel mit einem Spiegel versehen, aber längst zugemauert.

Eine Fotostrecke zeugt davon.

Und dann die engen, steilen Treppen, die schmalen Gänge, die vielen Türen mit Nummernschildchen.

Auch an die Geräusche erinnere ich mich gut, ich habe es geliebt, zu lauschen, wie rundherum Leben stattfand.

Ein paar Fotobilder improvisierten wir in der Waschküche, wo sich die einzige Badewanne des Hauses befand, eine Sitzwanne, nicht besonders sauber übrigens, das Wasser wurde durch einen schwarzen Gummischlauch eingelassen.

Eine Zeitlang mieteten mein Partner und ich ein winziges Zimmer vis-à-vis des unseren dazu, ich glaube, es war die Nummer 13, und funktionierten es um in eine Dunkelkammer.

Das Hotel gibt es noch, das weiss ich, es ist anzunehmen, dass es renoviert wurde. Damals war es ein sehr preisgünstiges Studentenhotel mit Monatsarrangement.

Ebenso filmreif die Wohnung der Pariser Freundin Susi – in der französischen Presse „Suzy" geschrieben – an der Avenue René Coty. Auch da entstanden viele Aufnahmen zu obengenannter Serie. (Die Inhaberin war im Urlaub, und zwar bei Salvador Dalí in Cadaqués.) Zum Beispiel auf ihrem Hausdach als Engel mit grossen Flügeln, soeben auf dem Kamin gelandet.

    Auf der privaten Dachterrasse entstanden die bekannten Porträts mit Grossstadt im Hintergrund.

    Ein riesiges, dunkelsamtenes Sofa, das übers Eck ging, vor schweren goldgerahmten Spiegeln, diente als Kulisse für recht spezielle Akte. Im geheimen Treppenhaus – eine Wendeltreppe – trage ich einen langhaarigen schwarzen Mantel von Susi. Sie sagte mir später, es sei ein Affenpelz.

Heute ist das *appartement* heruntergewirtschaftet, die Tapeten – noch immer in derselben Farbe, ich glaube, ein dunkles Lila – hängen in Fetzen.

Nichtdestotrotz gibt es kein zweites Logis in Paris, das demjenigen von Susi gleicht.

So viel ich weiss, wurde es ihr von Paul Getty, diesem älteren amerikanisch-britischen Multimillionär, inzwischen verstorben, geschenkt, oder zumindest die Anzahlung dazu – damals war es neu und luxuriös –, zusammen mit einer monatlichen Apanage. Denn Susi war nicht nur hübsch und sexy, sondern zudem amüsant und witzig.

Jedenfalls fuhr sie in regelmässigen Abständen zu Herrn Getty nach London und kannte dort ausserdem eine ganze Menge „wichtige" oder berühmte Leute.

Da käme noch das Abbruchhaus infrage, das mein damaliger Partner – er hatte inzwischen einen Job als „Mädchen für alles" beim Pariser Fernsehen – und ich schliesslich die längste Zeit bewohnten, 4 rue du Liban. Es steht noch! Auch hier diente ein kleiner Campingaz-Kocher als „Küche", sehr oft gab es Merguez und selbst gemachte Pommes frites. Die paar Möbel – eine riesige Bodenmatratze mit vielen Kissen, eine als Tischplatte auf zwei Böcke gelegte Tür und sogar ein recht hübsches Sofa im Nebenzimmer, ans Bauhaus erinnernd, das auch als Bett dienen konnte – hatten wir auf der Strasse aufgelesen, denn viele Pariser stellen nach dem Umziehen das nicht mehr Benötigte einfach vors Haus. Ganz wichtig und unser Prunkstück war ein eleganter, lackierter und schön geschwungener dunkler Schrank mit drei geschliffenen Spiegeltüren, aus dem Pariser Brockenhaus.

Ein kleines Stück Wand, grau gestrichen mit einer nackten Glühbirne an heraushängendem Kabel, diente als Hintergrund für zwei ausufernde Fotoserien, später viel publiziert und ausgestellt.
    Ein Schweizer Journalist kam nach Paris, um eine recht umfangreiche Reportage zu machen, auf dem Foto stehe ich – sehr glamourös übrigens, und auf dem Titelblatt des Heftes – vor diesem teilweise mit Brettern vernagelten Haus.

Nicht vergessen darf ich ein bescheidenes Genfer Wochenendhäuschen, das mein Freund und ich nach unserer Rückkehr in die Schweiz für ein paar Wochen besetzten. Der Inhaber war verstorben, wie wir herausfanden, das Logis verwaist. Es würde sich kaum lohnen, das Mobiliar aus Novopan und Sperrholz hier zu beschreiben. Immerhin gab es ein niedriges Sofa, das in der Länge genau in eins der winzigen Zimmer passte.

Dort erarbeiteten wir eine 33-teilige Bild-Serie, nach wie vor in Schwarz-Weiss, die das Thema der neuen Serie *Einst war sie MISS RIMINI* genau genommen vorwegnahm und die ich den *Ball der Einsamkeiten* nannte.

Danach gingen wir getrennter Wege.

Alle genannten Bilder wurden sehr rasch in Galerien in der Schweiz, in Deutschland und in Frankreich gezeigt, gefolgt von Kunsthäusern in Amsterdam und Düsseldorf. Nach einer Schau im Kunsthaus Zürich – dank der Direktorin Erika Billeter – wurde oben genannte Serie zur allerersten fotografischen Arbeit, die dieses Haus ankaufte und in seine Kunstsammlung aufnahm, zusammen mit dem Zyklus der *dame au crane rasé*.
   Denn bis anhin galt Fotografie als „angewandte Kunst".

Man sagte mir, dass diese Ausstellung einen Besucherrekord erzielt habe. Jedenfalls gab es im Heft des Kunsthauses mehrere Doppelseiten mit vielen Bildern dazu, und zum *Ball der Einsamkeiten* finanzierte die Pro Helvetia einen Katalog, leider inzwischen vergriffen, genauso wie das erste und auch das zweite Buch.

Ach, und übrigens hatte David Bowie in Genf eines meiner Bilder gekauft…

31. März
Gestern meine schwarze Ledertasche liegen gelassen oder verloren, diejenige, die ich zurzeit am liebsten bei mir trage, darin zum Glück weder Schlüssel noch Agenda, aber Geld, vielleicht 200 Franken, keine Ahnung, Identitätsausweis, Blutgruppen- und Impfausweis, ärztliches Attest bezüglich Agora- und Klaustrophobie (falls ich in eine prekäre Situation kommen sollte), Bankkarten (Konten sofort gesperrt), Bibliothekskarte, Museumsausweise, Halbtax-Abo, Visitenkarten, Tram-Abos, Digitalkamera mit Aufnahmen und Reservebatterie, Notizblöcke, Kugelschreiber, Puderdose, vanillefarbenes Stofftäschchen mit allerhand Schminkutensilien, die aufzuzählen mich gerade überfordert, zerbrochener Kamm aus Horn, silbernes Pillendöschen mit Inhalt für Notfälle, also ein Valium 10, Aspirin, ein Xenical und ein Ponstan, und kleine Plastikbehälter mit Hundebröckli…

Kostspielig lediglich Kamera und Puderdose, aber lästig das Ganze. Für den Finder wär's einfach, mich anzurufen. Wahrscheinlich landet alles im See, ausser Geld und Kamera.

Soeben am Parkeingang Pipilotti begegnet mit
Mann und Kind, ein Büblein mit dunklem
Pagenschnitt, das, wie sie fand, mir gleiche.
Sie ist eben zurück aus Brasilien und sagt,
Pierre M. habe ihr dort von „meinem" Film ge-
sprochen, für den er vorgesehen sei, und
er sei ein absolut wundervoller Kameramann,
mit dem sie gerne arbeite und der übrigens
Wong Kar-Wai und seine Filme in- und aus-
wendig kenne!

Ich bin glücklich! Was will ich mehr? Morgen
sehe ich den Filmer. Alles ist gut.

1. April
Der Filmer beginnt den Film zu „sehen" und zu
fühlen, und was er mir dazu erzählt, gefällt
mir. Sehr gut spürt er, wie ich mich mein Leben
lang eingeigelt habe, wo immer ich mich
befand. Überall entstanden diese „künstlichen
Paradiese", wie er sie nennt, aus denen
heraus ich die Welt betrachtet habe. Mit dieser
Idee etwas anzufangen würde mir gefallen.
Denn auch meine erste Installation war
ja ein durch und durch künstliches Paradies.
Zuvor hatten der Salamander und ich uns
in einem riesigen Estrich zwischen Paravents
für ein paar Jahre ein Refugium eingerichtet,
der Eingang dazu war eine Art Schrank,

durch den man hindurchgehen musste, ganz oben in einem Altstadthaus. Wer es nicht wusste, kam nicht auf die Idee, dass dahinter Menschen wohnen könnten. Wir hatten weder warmes Wasser noch eine Küche, sondern bloss eine einzelne Kochplatte auf einer alten Kommode, und die Leintücher brachte ich zum Waschen in eine Hippiekommune, und das WC befand sich im Parterre, wir jedoch lebten im vierten Stock. Zudem teilten wir das Doppel-Klo mit einem „Klub für einsame Herzen", wie sich ein eigenartiger Verein nannte, der zweimal wöchentlich in den unteren Stockwerken abends Feste feierte. Dafür übernahm dieser Klub – ganz unwissentlich – unsere Stromrechnungen.

 Allem zum Trotz wurde das aussergewöhnliche Logis zu einer fast eleganten Insel und mehr als einmal Kulisse für Fotoserien in Modejournalen, man würde es nicht denken.

Ein Telefonanruf, eine Männerstimme in gebrochenem Deutsch, er habe meine Geldbörse gefunden, ohne Geld, aber mit allen Bankkärtchen. Er werde sie mir am Bahnhof übergeben. Eine halbe Stunde zu spät ist er da, ein netter Portugiese. Ich gebe ihm fünfzig Franken, danach, beim Durchsehen, finde ich eine afrikanische Telefonkarte dazwischengeschoben… Da stimmt etwas nicht. Aber was?

2. April
Die Polizei scheint derzeit erneut die Schwarzen ins Visier zu nehmen. Fast den ganzen Tag platziert sie einen ihrer Wagen an Ort und Stelle. Ob es etwas bringt? In der Nacht jedenfalls standen die Händler wieder an ihrem Stammplatz.

Sie haben nichts zu verlieren!
　Der Glaube, die Flüchtlingsproblematik liesse sich durch Polizeiaktionen lösen, scheint mir illusorisch.

Arbeit mit den „schnellen Bildern übers Jahr". Als Buch, als sehr dickes Bilderbuch, könnten die Fotos gut funktionieren. Vielleicht wäre das Interesse nach dem Erscheinen der Biografie da. Ich beginne zu sehen, wie ich es gestalten könnte.
　Auch langsam eine vage Vorstellung, wie ein Teil davon als Ausstellung zu konzipieren wäre.
　Einmal mehr: Was gäbe ich um einen leeren grossen weissen Raum mit nichts als einem Computer. Es gilt, Hunderte von Fotografien zu sichten, Tausende gar, und zu kombinieren,

in einen Zusammenhang und in eine Reihenfolge zu bringen, eine Spannung zu schaffen. Ich muss eine Lösung finden. Hier ist es unmöglich.

Jeder sitzt in seinem Arbeitszimmer, mein Ehemann und ich, bei offenen Türen. Jeder hat Tische voller Papier, Unmengen von Papier, die Stösse wachsen und wachsen weiter und bedecken Teile des Fussbodens und die Möbel und die Fenstersimse. Er bereitet Vorlesungen vor, ich wühle mich durch Fotomaterial. Er hört dabei laut den „neuen" Lou Reed, ich höre laut den „neuen" Paolo Conte. Im Korridor vermischt sich der eine mit dem anderen, es klingt eigenartig schön.

Lou Reed hat sehr viel früher grosse Bedeutung für mich gehabt, da war mein dritter Gatte noch ein Teenager und wir kannten uns nicht. *Walk on the Wild Side* war der Titel, den ich damals einer sehr grossräumigen, installativen Performance im Kunsthaus Zürich gab, mit rund sechzig Statisten, dreissig Männern und dreissig Frauen, das war kurz vor der Abreise nach Paris. „Kicks" von *Coney Island Baby* war zudem der Song, den ich für meine Schau mit sieben Männern als Kunstobjekte in den Schaufenstern der Zürcher Galerie Jamileh Weber wählte. Der Salamander war da für mich als eine Art

Rockstar aufgetreten, er war der Mittelpunkt des „Bildes". *Manon Presents Man* hiess die Performance, sie war inspiriert von den Schaufenstern, in denen die Dirnen sich präsentieren in Hamburg oder in Amsterdam. Bloss, dass ich lebende Männer ausstellte.

    Paolo Conte wiederum hat einen festen Platz in meinem Leben bekommen in meinem Genua-Halbjahr, das ist viel später, da bereitete ich jene Ausstellung im Palazzo Ducale vor und war die ganze Zeit krank, aber ich liebe ihn.

3. April
Die schöne Tischgenossin mit dem grossen Hund, ein Briard mit kurzen roten Locken genau wie sie selbst, wie könnte es anders sein, hat mir gestern beim Kaffee einiges aus ihrem Leben erzählt. Ab einem gewissen Alter haben Menschen etwas zu sagen, wenn sie sich aufs Leben eingelassen und es mutig geführt haben.

Müsste ich meinen Tagesbeginn schildern, wäre der meistens gleich, diktiert von den Tieren nämlich:

    Als Erstes geht es, Mantel übers Pyjama geworfen, mit den Hunden kurz ums Haus,

das eilt jeweils sehr. Täglich hoffe ich, im
Treppenhaus keinem Mitbewohner zu
begegnen, denn noch gleiche ich der
Person, die man vielleicht von Fotos kennt,
nicht sehr. Danach folgt das Füttern
von Katzen und Hunden, die Katzen stehen
bereits Schlange. Anschliessend werden
Katzenkisten gereinigt, Sand muss
aufgewischt werden. Nun wird die älteste
der Katzen behandelt, denn sie ist nicht
mehr ganz gesund. Ich kann das gut, ich bin
die beste Tierkrankenschwester weit
und breit. Ich kann Medikamente eingeben,
Infusionen stecken, Spritzen geben,
und die Tiere lassen sich alles gefallen.
Zudem gibt es nichts, was mich ekeln würde,
übrigens auch bei den Menschen nicht.
    Dann, im Winter, wollen auch noch die Vögel
gefüttert sein draussen auf der Terrasse.

Meiner Lieblingskatze habe ich die Todessprit-
ze selbst gesetzt, nachdem ich mir die Technik
genau erklären liess. Ich wollte das nicht
einem Fremden überlassen. Sie wusste genau,
dass ich nur ihr Allerbestes wollte. Sie hatte
fortgeschrittenen Krebs, ich gab ihr zuerst ein
Schmerzmittel, damit wir uns einen Tag
lang Zeit nehmen konnten für einen Abschied
in Ruhe. Diesen ganz und gar innigen Tag

werde ich nie mehr vergessen, wir schauten uns die ganze Zeit in die Augen.

Ich habe mir stets auch ein ganz anderes Leben vorstellen können, noch lieber wäre mir ein zweites Leben parallel, nämlich in einem einfachen und abgelegenen Haus mit Garten, das Haus voller Tiere. (Der Filmer wird sich winden bei dieser Beschreibung, weil er diese Vorliebe nicht teilt.)
    Es gab eine Zeit, wo meine Laufbahn als Künstlerin infrage stand und ich drauf und dran war, eine neue Ausbildung zu beginnen. Auch damit hätte ich möglicherweise glücklich werden können, wer weiss, vielleicht viel mehr.

Dann folgen die Pflanzen, meine zweite Liebe, auch sie lebendig und deshalb bevorzugt behandelt.
    Da gibt es diese Buche, die bei mir leben wollte und den Platz in der südwestlichen Ecke der Terrasse einnimmt, jedes Jahr braucht sie einen grösseren Topf und täglich viel Wasser, und ich mag es, die Verantwortung für ihr Gedeihen zu tragen. Dann werden mir im Frühling, in der Regel nach den Eisheiligen, zwei kleinere Bäume gebracht, die den Winter im Glashaus verbringen; Cordylinen nennt man sie, für mich als Laie sehen sie aus wie

filigrane Palmen. Und auf einen hübschen runden gusseisernen Tisch, dessen Deckblatt aus lilafarbenem Steingut diesen Winter einen Sprung bekommen hat, wünsche ich mir in diesem Jahr eine besondere Kakteenpflanze (deren Namen ich nicht kenne), denn die Sonneneinstrahlung ist hier am See ganz ungebremst.

Auf der seitlichen Terrassenhälfte stehen die Töpfe mit den Gewürzen, Basilikum, Rosmarin, Pfefferminze (diese drei Düfte!), Petersilie und so weiter. Manchmal pflanze ich Tomaten an, binde sie hoch an einem Fenstergitter, und nach der Berührung mit ihren Blättern riecht meine Hand noch lange eigenartig wunderbar. Ich bin Amateurin, habe keinen grünen Daumen, wenig Ahnung, aber die Pflanzen sind mir unverzichtbar. Einmal im Leben noch einen Garten besitzen…

 Zwei oder drei Freunde teilen meine Freuden. Der Salamander findet, eines Tages müsse es ein Buch geben über „Manon und die Tiere", wohl in Anlehnung an *Colette und die Tiere*. Die Schriftstellerin war ein ausgesprochener Stadtmensch und hatte sich dennoch eine ganz grosse Liebe bewahrt zu Pflanzen und Tieren, darin fand sie ihr Glück, und darin ist sie mir Vorbild.

„Regarde", soll sie gesagt haben ganz kurz vor dem Sterben, und auf eine Blume gezeigt in einer Vase neben ihrem Bett.

Ich zweifle keine Sekunde, dass es sich genauso verhielt.

Nun ist die Küche an der Reihe, mein Ehemann ist zwar ein wunderbarer Koch, doch die Küche danach ein Schlachtfeld, wie Alice Schwarzer das vielleicht nicht ganz zu Unrecht vermuten könnte. Das Aufräumen ist also meine morgendliche Aufgabe.

Achtung: Ich liebe Alice Schwarzer, diese mutige Feministin, die so viel Häme hat ertragen müssen. Wo wären wir ohne sie? Zu beschreiben, was wir ihr alles verdanken – sowohl die Männer als auch die Frauen –, würde wohl manches Buch füllen. Mein Gatte und ich haben sie als charismatische Person erlebt, als sie in Zürich einen Vortrag hielt. Mit viel Humor, ebenso viel Charme und mit guter Rhetorik zog sie ihr Publikum in Bann.

Gerne hätte ich mich danach persönlich bedankt für ihre umfangreiche Reportage zu meiner Arbeit, die sogar ein Titelblatt auf der *Emma* nach sich zog. (Was, meines nackten Busens wegen, bei nicht wenigen Leserinnen für Unmut und für empörte Leserbriefe sorgte.) „MANON – warum *Emma*

6 Jahre nach dem *Stern*-Prozess Busen zeigt", stand unter dem Titelfoto.

Doch um Alice Schwarzer anzusprechen, war ich viel zu schüchtern. Dachte, sie könnte enttäuscht sein, denn sie kannte mich nur von den Fotografien und vom schriftlichen Interview her.

So ergeht es mir oft.

Eigentlich meistens, bei Menschen, die mir nicht seit Langem vertraut sind. Da habe ich fast wie als Kind eine Respekthaltung und eine Scheu. Da weiche ich regelmässig aus.

Heutige Kinder kennen das ja nicht mehr, Gott sei Dank.

Zurück zu meinem Vormittag: Unerwähnt blieb die halbe Stunde Gymnastik, meistens, oder sagen wir: hin und wieder, und danach ein kleiner Taucher im See, und zwar bis weit in die kalte Jahreszeit hinein. (All dies kann aber jederzeit durchkreuzt werden von dringenden organisatorischen oder anderen Pflichten im Bereich Kunst. Dann wird's jeweils eng.)

Als junge Frau, bei einem winterlichen Spaziergang in der Badi Tiefenbrunnen, Schnee am Boden, sah ich einmal eine Gruppe älterer Leute,

Männer und Frauen, in Badeanzügen lachend und scherzend im Galopp die Wiese überqueren und eintauchen in den eiskalten See.

Eine solche Alte will ich einmal werden, dachte ich mir.

Doch früher war alles anders. Früher lebte ich in der Nacht. Tagsüber blieben die Fensterläden und die dunkelroten Samtvorhänge geschlossen, ich wollte das Licht nicht sehen. Anstelle lebender Blumen zog ich solche aus Perlmutt vor und erschuf mir rund ums grosse Bett meine ganz persönliche Insel. Erst gegen Nachmittag stand ich auf, gearbeitet wurde abends bis Mitternacht, danach ging ich aus. Wenn möglich allein, das war mir wichtig. Nachts gegen zwölf ging ich aus, und das war spannend, denn Nachtmenschen sind anders.

„Isolation und Einsamkeit", schreibt mir mein mehrfach talentierter Künstlerfreund, „das Telefon läutet nicht mehr."

Vor Kurzem noch hatte er einen umfangreichen Artikel im *New Yorker*, und sein letzter grosser Fotoband ist einer der schönsten.

Für mich hatte das Telefon nie diese grosse Bedeutung, sehr oft nehme ich es nicht ab.

Ich will auch keinen Beantworter, denn die Vorstellung, abends eine Menge Leute zurückrufen zu müssen, lockt mich nicht. Wenn etwas wirklich wichtig ist, werde ich es früher oder später erfahren. Muss ich jemanden sprechen, überfällt mich eine grosse Scheu, zum Hörer zu greifen und damit aktiv in seine Welt einzudringen. Wie aufdringlich.

In Zeiten grosser Verliebtheit sitzt man zwar stunden- oder gar nächtelang am Telefon, und mein Gatte und ich rufen uns mehrmals täglich an, aber das ist etwas anderes.

Zurück zu einem zweiten Leben, das ich mir genauso gut vorstellen kann: Es gab Zeiten, in denen nichts mehr ging in meinem Beruf, und doch habe ich sie heil überstanden, und das muss genau damit zusammenhängen, dass ich nie auf eine einzige Karte gesetzt habe. Mein Glück hing nie ausschliesslich von der Erfüllung meines Ehrgeizes als Künstlerin ab. Sicher war da manchmal ein Bedauern, nicht die ganz grosse Anerkennung zu finden, die mir, in meinen unbescheidenen Augen, zustehen würde, auch wenn heute die Zeichen langsam anders stehen. Stets waren da noch andere Quellen für Glück.

Daran muss ich jedes Mal denken, wenn wieder ein Mann sich umgebracht und manchmal gar die ganze Familie mitgenommen hat, weil in seinem Beruf etwas schiefging, weil er nicht befördert oder sogar gekündigt wurde, oder weil das erwartete Ansehen ausblieb. Auf zwei oder noch besser drei Beinen steht es sich weit sicherer als auf einem Bein.

4. April
Vermutlich gilt dasselbe für den Verlust von Jugend und Schönheit: Die Frau, die ausschliesslich darauf baut, wird es später schwer haben. Wenngleich ich zugeben muss, dass die gesteigerte Aufmerksamkeit, die einem hübschen Menschen zuteil wird, die Lebensqualität ungemein heben kann, und es ist verführerisch, das einzusetzen.

In meiner Paris-Zeit hatte ich das eine wie das andere ausprobiert.
    Zeitweise ging ich ungeschminkt und unscheinbar, dann wieder hergerichtet als auffallende Person unter die Menschen. *„La vache ce qu'elle est belle",* sagten zwei männliche Teenager beeindruckt in typisch pariserischem *argot*, als ich für eine mondäne Verabredung frisch geschminkt aus dem Hotel auf die Rue St-Jacques trat.

Nicht erwartet hatte ich, dass die unauffällige Frau von Männern viel öfter angesprochen wird: Sie erscheint zugänglicher.

Die Magnolie blüht. Heute bin ich, eigentlich ganz ohne Grund, den ganzen Tag über alle Massen glücklich.

5. April
Marathonlauf, wie jedes Jahr vorbei an unserem Haus, von der Enge bis nach Meilen und zurück, insgesamt über 42 Kilometer. Langbeinige Schwarze gazellenhaft an vorderster Front, scheinbar ohne jede Anstrengung. Nach einer Weile folgen die Einheimischen, die Anspannung ist ihnen ins Gesicht geschrieben, aber Ehrgeiz treibt sie an. In fünf Stunden sollte die Strecke zu schaffen sein, der zwanzigjährige kenianische Sieger schafft es mit leichten und raumgreifenden Schritten in 2 Stunden, 10 Minuten und 16 Sekunden. Die erste der Frauen benötigt 2 Stunden, 34 Minuten und 39 Sekunden. Es gibt dreissig Verletzte, es müssen 15 Infusionen gesteckt werden.

Heute für das *MISS RIMINI*-Buch die CD vorbereiten. Alle Fotos haben im Computer ein paar Stichworte und eine Nummer.

Zum Beispiel:
„Schwiegermutter mit Blumenbukett für Spitalbesuch, sehr besorgt, Nr. 18"

„Noch immer allein, Maskenball am Morgen danach, Nr. 13"

„Nonne, kokett mit Brille und Apfel in der Hand, Nr. 57"

„Chemotherapie-Patientin im Spitalhemd, von hinten, Infusionsständer, Nr. 43"

„Freundliche Heilsarmistin, Nr. 6"

„Domina in Aktion, in schwarzem Lack und mit Maske, Nr. 71"

„Gutsituierte blonde Dame mit grossem beigem Hut und Perlenkette, Nr. 12"

„Dirne in Amsterdam, nicht ganz nüchtern, eher geschmackloses Négligé, Nr. 97"

„Altersheim, Frau mit Rollator, leicht dement, Nr. 1"

„Schöne Blondine mit langem Haar und schwarzem Hut, strahlend, Nr. 18"

„Lesbienne mit Krawatte und Zigarette, flirtend, Nr. 82"

„Frau mittleren Alters in schäbiger rosa Unterwäsche, gut gelaunt, Nr. 20"

„Serviertochter, nahe an Nervenzusammenbruch, offene Bluse, Nr. 31"

„Clocharde, verzweifelt und vom Alkohol gezeichnet, Nr. 19"

„Selbstbewusste Dame in Chanel-Kleid mit Schmuck und Notizbüchlein, Nr. 97"

„Nackte Stripperin mit Goldmaske, übermütig, Nr. 59"

„Forscherin in weisser Schutzkleidung, Schutzmaske, zwei Ratten, Nr. 16"

„Dame in St. Moritz mit Nerz und Hündchen, Nr. 21"

„Verwitwete Lehrerin, frühpensioniert, Nr. 45"

„Schauspielerin vor Auftritt, Strumpfkappe, noch spielt sie die Liebhaberin, Nr. 58"

„Patientin in Zwangsjacke, Panik und Verwirrung, Nr. 2"

„Marlene-Dietrich-Double mit Akkordeon beim Auftritt, Nr. 27"

„Südländerin, soeben verhaftet, mit Handschellen, Nr. 101"

„Hausfrau erwartet Schwiegertochter, noch in Lockenwicklern, Zigarette im Mundwinkel, Nr. 7"

„Braut, nicht mehr ganz jung, im Arm des Geliebten, Nr. 12"

„Broadway-Darstellerin mit goldenem Turban, vor den Fotografen, Nr. 43"

Und noch 24 weitere, es wurden mehr als fünfzig Frauenfiguren.

Dann kommen noch die Objekte dazu, die in der Ausstellung keinen Platz fanden, zum Beispiel „Telefonkabel, Nr. 27". Oder „Brautschleier, Nr. 30", oder „rosafarbene Puderquaste, Nr. 10" und so weiter. Fotografiert wurden wohl an die hundert Dinge, im Buch abgedruckt werden vielleicht deren zwölf.

So ist es jedes Mal.

Gleichzeitig klärt sich mehr und mehr in meinem Kopf – langsam sehe ich es vor mir –, was allenfalls noch in letzter Sekunde geändert werden könnte in der Abfolge für ein hoffentlich interessantes Resultat.

Vielleicht tut sich auch eine Möglichkeit auf punkto leerer Raum?

6. April
Längst sind die Fischerboote wieder da. Am See haben Kinder Steine zu fragilen Türmen aufgeschichtet. Eines zeichnet mit Kreide ein Tier auf die Steinplatte. Ein Liebespaar kann die Hände nicht voneinander lassen, es ist ein hübscher Anblick.

Heute werden die *MISS RIMINI*-Bilder, aufgezogen auf Aluminium und bereits ein erstes Mal ausgestellt, zurückgebracht von einer zweiten Schau, organisiert von der Stadt Zürich. Der Kanton Zürich hatte die ganze rund 50-teilige Serie angekauft und damit, wie man mir sagte, den höchsten je für ein Werk ausgegebenen Preis bezahlt.

Das Buch dazu wird druckfertig gemacht.

7. April
Die Vergangenheit wird länger und die Zukunft kürzer.

Abends Vernissage im Kunstmuseum Bern mit den Videofilmen. Habe meinen eigenen Film – er entstand anlässlich meiner Fotoausstellung, der *dame au crane rasé*, in Luzern 1979 – lange nicht mehr gesehen.
 Für meinen Mann und mich zudem ein guter Grund, den heute in der Bundeshauptstadt lebenden Salamander zu treffen, der längst unser beider Freund geworden ist.

Zur Zeit des legendären Kurators Harald Szeemann in der Kunsthalle war Bern für uns junge und jüngste Zürcher stets eine Reise wert gewesen, und auch die Galerie Toni Gerber wurde vom Künstler Urs Lüthi und mir regelmässig besucht, wenngleich ich selbst noch weit entfernt davon war, als Performerin durchzustarten. Die Berner Szene war äusserst lebendig: Ich denke an Markus Raetz, Balthasar Burkhard, Jean-Frédéric Schnyder, Herbert Distel, Franz Gertsch, Esther Altdorfer, Meret Oppenheim. Auch der deutsche Maler und Collageur Michael Buthe war anzutreffen, sehr gut in Erinnerung habe ich seine Glitzerbilder und auch seine kleinen Glitzerbüchlein, die wir herumreichten. Und nicht zu vergessen Katharina Sieverding, eine gross gewachsene Deutsche, in meinem Alter, sehr selbstbewusst und sehr sexy. Sie arbeitete mit Fotografie und war verheiratet mit einem Mann namens Klaus, mehr wussten wir damals nicht. Die Enttäuschung in den Gesichtern der Männer war sichtbar, als sie Letzteres erfuhren. Jedenfalls trafen wir uns an denselben Anlässen, und jeder einzelne der genannten Künstler hat sich inzwischen einen Namen gemacht.

Nicht vergessen darf ich hier Jean-Christophe Ammann, der anschliessend im Kunsthaus Luzern für spektakuläre Ausstellungen und damit ebenfalls für regelmässige Besuche von uns Jungen sorgte. Exakt im Zeitgeist lag er mit der Schau *Transformer. Aspekte der Travestie*. Unter den Ausstellenden waren Künstler, mit denen ich bekannt war, und ein paar Zuschauer trugen showmässige Jacken, die ich entworfen hatte, und das alles war aufregend.
    Ein Jahr später hatte ich mit dem *Ende der Lola Montez* selbst die Chance eines Auftritts in jenem Haus.

Punkto Arbeitsraum zeichnet sich eine sehr schöne Möglichkeit ab: Im Metropol-Haus, das zurzeit leer steht, gibt es einen Raum von 100 Quadratmetern, den ich vielleicht mieten könnte. Der Liegenschafter will noch mit der Stadt Zürich Kontakt aufnehmen, aber die Präsidialabteilung wird mich ganz bestimmt empfehlen. Wäre das nicht wunderbar? Ein grosser, leerer, weisser Raum!

8. April
Bern: Meine Videoarbeit wurde bewusst der Arbeit meines Ex-Gatten gegenübergestellt, ich kenne das, auch bei Ausstellungen von Bildern machen die Kuratoren das ab und zu gern, weil sie wissen, dass wir früher ein Paar waren. Beide sind wir wohl in denselben Sammlungen vertreten.

    Ich hatte dieses Video des Künstlergatten noch nicht gesehen, oder aber vergessen, es stammt aus der Zeit, als er so unglaublich schön war, und ja, das war er wirklich und wahrhaftig, in dieses Bild könnte sich jeder verlieben.

    Zu sehen ist linkerhand sein Gesicht, rechterhand ein halbverschüttetes Glas Milch. Sporadisch wird – es ist nicht zu sehen, woher – diese Milch in sein Gesicht geschüttet, sein Ausdruck verändert sich dementsprechend, ein ganz leichtes Zucken, minimale Mimik, erotisch, hinreissend. Die Arbeit lebt genau genommen von seiner Schönheit, nur mit diesem sehr reinen Gesicht ist sie denkbar. Nun, dieser schöne Mann war mein Mann.

Auch mein eigenes Video – ein paar Jahre später entstanden – ist möglicherweise erotisch, auf ganz andere Weise, eher aggressiv, hart und zart gleichzeitig. Untermalt von einer Musikpassage von Jean Michel Jarre, die damals jeder kannte und die wie massgeschneidert ist. Diese Arbeit ist eigentlich ein Zufallsprodukt. Am Tag der Finissage meiner ersten Ausstellung mit den Paris-Bildern in Luzern lag da eine Videokamera herum, worauf wir, der Galerist, mein Paris-Partner und ich, fanden, wir sollten die Gelegenheit beim Schopf packen. Ich hatte den Einfall, sehr, sehr langsam den Bildern entlang zu filmen und zwischendurch die Kamera immer wieder auf den realen Kopf zu richten, aber so, dass kaum zu spüren war – höchstens durch einen Lidschlag oder eine ganz minimale Mundbewegung –, was Fotografie und was lebende Person ist. Diese Statik hat mir sehr entsprochen.

Auf dem Weg zurück nach Zürich rasende Zahnschmerzen. Erst ein Aspirin, danach ein paar Tropfen Tramal, darauf noch ein Ponstan 500 plus ein Schlafmittel.

Ich stelle schon mal eine Liste zusammen von den Dingen, die ich im Metropol-Haus brauchen würde.

Was für einen schönen Arbeitsweg das ergäbe, dem See entlang bis Bellevueplatz, dort rasch einen Kaffee im Odeon, über die Brücke, ein kleines Stück dem Fluss entlang und dann dieses wunderschöne Haus! Es muss einfach klappen.

Anfrage von Christa de Carouge, aktuell die speziellste der Zürcher Modeschöpferinnen, ob ich an ihrer Modenschau etwas performen könnte. Ihre Kollektionen sind ganz eigenständig: grosszügige mönchische Gewänder vorwiegend in Schwarz, nichts Überflüssiges gibt es da, schöne Stoffe, alles ist ästhetisch und bequem, entspricht im weitesten Sinn auch meiner eigenen Philosophie, wenn man es denn so nennen will. Allerdings sind ihre Entwürfe wohl eher für grössere Frauen geeignet.

Dann gibt es weitere Anfragen, die ich noch zu prüfen habe.

Trotz schwerer Medikamente weiterhin heftigste Zahnschmerzen. Alles andere wird dadurch in den Schatten gestellt. Mir scheint, in dieser Zeit seien die Blätter der Bäume hinter meinem Bett zentimeterweise gewachsen und die weissen und roten Dolden zum Vorschein gekommen, ohne dass ich das mitbekommen hätte. Nun, morgen soll die entscheidende Behandlung vorgenommen werden, damit ich wieder am Welt- und Naturgeschehen teilnehmen kann.

    Die Zähne: Symbol für Jugend und Gesundheit. Ich empfinde fast so etwas wie eine kleine Demütigung, dass da etwas nicht in Ordnung sein soll, denn ich will sie behalten bis zum Ende. Einen davon, ganz hinten links, musste ich bereits abgeben. Dies zuzugeben fällt mir schwer! Aber er konnte problemlos ersetzt werden.

Gestern am Bahnhof wie die Teenager noch Fotoaufnahmen gemacht im Automaten, erst mit meinem Ehemann und danach mit dem Salamander, und anschliessend noch zu dritt. Diese Schwarz-Weiss-Bilder haben fast Hollywood'schen Glamour, sagt der Salamander.

9. April
Zahnarzt. Endlich.
    Danach Besprechung mit der Journalistin, die das Nachwort schreibt zum *RIMINI*-Buch.

Sie will das erste Foto auswechseln, ich habe mich zuerst heftig gesträubt und schliesslich eingesehen, dass sie recht hat. Ja, sie hat recht, und ich bin froh, dass sie das gesehen hat.

Der Gestalter schlägt mir für das Titelblatt eine verspielte, wohl als weiblich empfundene Schrift vor. Ich hingegen will eine strenge Grafik. Das wird akzeptiert. Morgen dann die definitive Abgabe im Verlag.

10. April
Das Leben hat mich wieder, dankbar und froh. Der Papst ist tot, Rom von Pilgern überschwemmt. Harald Juhnke gestorben. Charles wird Camilla heiraten, und der Fürst von Monaco ist ebenfalls gestorben, Stéphanie hat einen Neuen, und der Mann von Caroline liegt im Spital. Soweit *Paris Match* und die *Bunte*. Ein Frühlingsregen, das Grün wächst so rasch, dass man glaubt, zusehen zu können.

Die Sitzung im Verlag ist nach Wunsch verlaufen. Der Verleger, der Gestalter und ich sind uns nun über alles einig, das Buch soll Ende Mai auslieferbar sein, geplant war ursprünglich der 10. Mai. Es wird eine englische Version geben, gerne hätte ich auch eine französische Fassung gehabt, doch der Verlag ist nicht nach Frankreich ausgerichtet. (Mein allererstes Buch hatte in Paris viel Erfolg.)

Aber mittags neuerdings rasende, pochende Zahnschmerzen, und zwar so heftig, dass ich ohne Anmeldung in die Praxis fuhr, mir war alles egal, hätte man mir den Zahn gezogen, wär's mir auch recht gewesen.

In solchen Momenten steht das Leben still, die Welt könnte untergehen, wenn nur der Schmerz ein Ende nimmt. Oft habe ich ältere Menschen klagen hören über Zahnprobleme, ich konnte das nie in einen Zusammenhang bringen mit mir selbst, hielt mich quasi für unverletzlich.

Telefon vom Filmer, ich habe nicht darauf eingehen können.

11. April
Der Filmer hat die Biografin getroffen. Er sagte ihr, dass er beim Film von der Gegenwart ausgehen wolle. Bloss verläuft mein Leben heute, und das war beileibe nicht immer so, in ruhigen Bahnen, ich brauche kein Spektakel mehr. Mein Alltag gibt heute wenig her (für mich selbst aber sehr viel mehr). Ich finde mein

Glück in der Ruhe, in der Kontemplation, in der Betrachtung von allem, nicht in der Aktion. Das kann man nicht filmen. Ich wüsste nicht, was ich ihm anbieten sollte.

Heute bin ich glücklich. Früher... ach, leben wollte ich eigentlich nicht, nicht sehr.
    Betäubung mit Medikamenten, mit Arbeit auch. Es gibt kaum zwei verschiedenere Lebensformen als diejenige der jungen Frau von damals und der Frau von heute. Obwohl auch damals schon alles angelegt war: Die Fähigkeit zum Glück, die ich heute besitze, war in Ansätzen da, kam in kurzen Momenten zum Vorschein, doch das Dunkle herrschte vor.
    Jetzt, aus der Distanz, kann ich mir vieles erklären, dem ich damals unterworfen war. Die Sucht zu verführen beispielsweise. Die Spannung, wenn mir ein Mann gefiel: Wird es mir gelingen, ihn zu verführen, zu „besitzen", wie die Männer selbst das nennen würden? Heute weiss ich, dass dies eine Form der Depressionsbewältigung war, denn so lange diese Spannung anhielt, war kein Platz für anderes, Ängste und Depressionen blieben fern. Diese zahllosen Affären und immer wieder neuen Verliebtheiten waren nichts anderes als ein Versuch in Selbsttherapie, nicht anders als eine Droge.

Immerhin habe ich dadurch auch viel gewonnen, Menschenkenntnis vor allem. Ich habe mich kaum je getäuscht in einem Menschen, und fast alles, was ich kann, was ich weiss, habe ich den Männern abgeschaut, denn meine Basis-Bildung ist minimal. Der Schreiner hat mir gezeigt, wie man alte Möbel restauriert und sogar wie man eine Tür einbaut, der Gärtner, wie man mit Pflanzen umgeht, der Tierarzt, wie man Infusionen steckt, der Musiker hat mein Gehör geschärft, mit dem Intellektuellen habe ich gestritten, und der Künstler hat mir erklärt, wie der Kunstbetrieb funktioniert. (Da habe ich nur mit halbem Ohr zugehört, denn das durchschaue ich bis heute nicht, oder besser gesagt, es interessiert mich nicht.)

Es gibt jedenfalls keine einzige Begegnung, die ich bereuen würde. Keine einzige.

In gewisser Weise war dies mein zweiter Bildungsweg.

Manche dieser Menschen sehe ich spätestens an meinen Vernissagen wieder, denn aus Geliebten können Freunde werden, und in der Freundschaft bin ich absolut treu.

Premiere von *Katzenball*, einem Dokumentarfilm über das lesbische Leben in der Schweiz. Die Filmerin schickte mir Billetts, denn sie hatte mich vor sechs Jahren interviewt mit der Idee, dass ich vielleicht mitspielen würde. Doch ich fand mich eine Spur zu wenig geeignet. Der Film ist grossartig gelungen und zudem sehr humorvoll. Er enthält wunderbare, perfekt zusammengestellte Schwarz-Weiss-Aufnahmen aus alten Wochenschauen und aus der Werbung und aus früheren Schweizer Filmen. Eben hat er im Rahmen der Berlinale den Teddy Award bekommen, und verdient! Der Filmer klärt mich zwar auf, dass dieser Preis eher unwichtig sei und im Rahmen der Queerfilme vergeben werde. Wie auch immer. Die älteste von fünf porträtierten Frauen ist 92 Jahre alt, eine bezaubernde *Suisse romande*, dann kommt auch eine wichtige blonde Zürcher Modekreateurin vor, eine tolle Erscheinung. Das war sie schon damals, als wir in denselben Klubs verkehrten, sie als Magnet, der Menschen anzog, und ich wohl ebenso. Später durchlebten wir beide schwierige Zeiten, auf je verschiedene Weise.

Heute Abend, quasi in allerletzter Sekunde – ich habe ja übers Wochenende noch eine ganz kurze Gnadenfrist –, feile und feile ich am längst fertigen Buch. Wechsle Figuren aus, ändere die Reihenfolge, kombiniere die Objekte neu, verwerfe alles, beginne neu…

Was bezwecke ich, was will ich beim Betrachter auslösen?

Ich will ihn berühren.

Die für obige Foto-Arbeit verwendeten Kostüme und Objekte hatte ich an Flohmärkten zusammengesucht und vieles geschenkt oder ausgeliehen bekommen.

Zum Beispiel das rosafarbene Strumpfband: Ein aufgehender Stern am Kunsthimmel, seine Glanzzeit hatte er später zusammen mit einem Künstlerfreund in Berlin, schickte es mir Jahre zuvor direkt aus Hollywood, es stammt aus einem Stummfilm. Der Brief dazu war mit roter Tinte geschrieben.

Eine Rapper-Strumpfkappe brachte mir mein Ehegatte kürzlich aus New York mit.

Der elegante schwarze Nerzmantel mitsamt Nerzhut gehört meiner Freundin, die heute im selben Haus wohnt wie ich, und das war früher schon so, an einer anderen Adresse, desgleichen der (falsche) Ozelotmantel.

Verschiedene Tops aus Satin wurden von meiner Pariser Freundin, der ich ab und zu im *Paris Match* begegne, genäht.

Die Halsstütze ist ein Requisit, das mit dem Schleudertrauma meines Mannes zusammenhängt.

Eine grosse goldene Blumenbrosche hatte mir mein schöner Künstlergatte von einer Berlin-Reise mitgebracht, vor langer Zeit.

Velohelm samt Trikot und Brille sind Teil der aktuellen Sportausrüstung meines ersten Ehemannes.

Die Kapitänsmütze wiederum gehört zu einem bestimmten Schiff, denn ich bin Inhaberin eines französischen Kapitäns-Brevets für ein elf Tonnen schweres Hausboot.

Einen Infusionsständer samt Infusion gab mir mein Hausarzt mit.

Die Lederjacke stammt von meinem Ehemann, ebenso der weisse Smoking samt rotem Papillon.

Die kleine Hündin auf einem der Bilder, auf dem Arm einer nicht mehr ganz jungen, aber recht schönen und eleganten Blondine, war mein Chihuahua namens Missy (nach der Freundin der Schriftstellerin Colette benannt), die bald nach der Aufnahme, das war in den Tagen jener ganz grossen Sommerhitze, altershalber verstarb.

Ich mag es, dass Menschen und Tiere meines Lebens auf diese Art und Weise in meine Arbeit einfliessen.

12. April
Die Melancholie kann Kreativität fördern, die Depression tötet sie ab.

Vormittag. Frauengespräche. Ich liebe das: Drei grundverschiedene Frauen in etwa demselben Alter, das heisst, jede hat gelebt, und das nicht zu knapp, und auf ganz unterschiedliche Weise. Die eine war, das habe ich erst heute erfahren, ein Luxus-Callgirl und ist inzwischen ausgesprochen damenhaft, in meinen Augen sieht sie aus wie eine Filmdiva, und ich mag sie sehr. Die andere ist eine sehr teure Wahrsagerin – ich glaube nicht daran – und handelt nebenbei auch noch mit Kunst, und die dritte, die bin ich. Jede galt mal in gewisser Weise als hübsch und hatte Erfolg bei den Männern, und jede hält sich in Form, so gut sie es kann. Jede bedauert den zögerlichen Verlust an Jugend ein ganz klein wenig, aber die eine ist heute sehr glücklich, viel glücklicher als früher, und dasselbe gilt auch für mich, die dritte aber hadert, und das sieht man ihr an.

Später Nachmittag. Es ist so weit. Ich habe das zu publizierende Buch zugeschlagen. Es gibt kein Zurück mehr.
    Nun darf ich die Sonntagszeitungen lesen.

Abends im Fernsehen ganz unerwartet der wunderbare Film von Edith Jud über den spannenden und begabten Künstler Dieter Roth. Wahrscheinlich war es einfacher, einen Streifen über den toten als über den lebenden Mann zu drehen. Ich habe ihn als ziemlich schwierig in Erinnerung, der Alkohol hat ihm keinen Gefallen getan. Nie dürfte eine Frau es wagen, sich so ungeniert blosszustellen – sei's in Fernsehrunden oder indem man sich ganz privat vor einer selbst aufgestellten Kamera produziert, was allerdings auch einen rührenden Aspekt hat –, und wäre sie noch so begabt. Täte sie es dennoch, gäbe es bestimmt keinen späteren Film über sie.

Der Sohn des Künstlers hat eine tragende Rolle, zu Recht, denn er ist eine äusserst charismatische Erscheinung, schöne tiefe Stimme, nichtsdestotrotz möglicherweise eine tragische Figur als Hüter von seines Vaters Werk?

Doch ohne ihn hätte der Film nicht funktioniert.

13. April

Chet Baker. Ich war noch ein Schulmädchen, als mein erster Freund – es war eine sehr keusche Beziehung – mich auf diese unvergleichliche Stimme, die etwas Weibliches hat, aufmerksam machte. Lebenslang schon begleiten mich seine Lieder. Einmal hatte ich, jung und naiv, dem Musiker eine Zeichnung in ein italienisches Gefängnis geschickt, lange her.

    Dann, es war recht kurz vor seinem Tod, am Tag nach einem Konzert, bin ich ihm in Zürich leibhaftig begegnet. Er war allein unterwegs, und ich ebenso. Endlich konnte ich ihm anvertrauen, wie viel er mir in all den Jahren bedeutet hat.

> *I fall in love too easily,*
> *I fall in love too fast.*
> *I fall in love too terribly hard,*
> * for love to everlast.*

Würde man mich heute nach den grössten Reichtümern meiner Vergangenheit fragen, ertappe ich mich beim Gedanken, dass dies vielleicht meine Begegnungen mit Männern waren. Was habe ich durch sie alles erfahren und gelernt. Wie viele verschiedene Welten habe ich entdeckt, in wie viele Denkmuster Einblick genommen: biedere, ausgefallene, traurige auch, übermütige, verzweifelte, zynische und leichtfüssige.

Es gibt übrigens keine Pforte, die dir das Innere eines Menschen so schnell und so leicht öffnet wie die Erotik, davon bin ich überzeugt. Oft weisst du nach einer einzigen Liebesnacht, wie ein Mensch in seinen Grundzügen beschaffen ist. Das ist faszinierend, und darauf war ich süchtig.

Es hat mich nie interessiert, erobert zu werden, ich wollte erobern. Ich war die Jägerin und die Sammlerin.

Wäre das heute anders?

Vielleicht waren diese manchmal kurzen, oft auch längeren Geschichten mein grösster Reichtum überhaupt, bis ich später, viel später, fähig geworden bin, auch aus mir selbst heraus glücklich zu sein.

Nun, es waren die Siebzigerjahre. Eine goldene Zeit schrankenloser Freiheit. (Berlin und Paris hatten dies in den Zwanzigerjahren vorweggenommen.)

Es war eine Zeit von Experimenten aller Art, andere Lebensformen wurden ausprobiert und ausgelebt, der LSD-Papst Timothy Leary war auf seiner Flucht vor der amerikanischen Justiz für kurze Zeit in Zürich gelandet – kaum einer wusste das – und lebte bei meiner Freundin im selben Haus wie ich, eine Etage höher, sie waren kurzfristig ein Paar.

Wir hofften mit ihm zusammen, dass gewisse Drogen, insbesondere natürlich LSD, die Gesellschaft verändern und weg vom Materialismus hin zu Spiritualität führen mögen.
    Der Salamander und ich gaben uns keine Treueversprechen, wir waren uns trotzdem treu, und das bis heute, auf eine viel tiefere Art und Weise.

Damals jedenfalls haben wir uns allen Experimenten, die das Leben anbot, gestellt, oder hingegeben, oder vielleicht müsste man sagen, wir haben sie gesucht und uns ihnen ausgesetzt. Wir fürchteten nichts und niemanden, und darin waren wir uns völlig gleich. Unsere Neugier auf Menschen und auf Erfahrungen war unerschöpflich. Wir waren stets auf der Suche nach dem ganz und gar Ungewöhnlichen, nach dem Exzess. Und wir waren Menschensammler.

Geheimnisse hatten wir nicht. Der Salamander war mein Vertrauter, er verstand genau, was mich umtrieb.
    Grenzen austesten und vor allem Grenzen überschreiten.
    Wir haben es schliesslich teuer bezahlt.
    Alle beide.

Und doch, rückblickend zumindest, möchte ich diese Zeit nicht missen.

Vermutlich wird es sehr lange dauern, bis äussere Umstände den Menschen wieder ein so hedonistisches und freies Leben zulassen werden, wenn überhaupt. Es war ein Zeitfenster zwischen der Erfindung der „Pille" und dem gehäuften Auftreten von Aids.

Auch politisch war man voller Hoffnung auf eine konfliktärmere Zukunft.

In jener Zeit hier jung zu sein war ein Privileg.

14. April

Frauen. Auf ganz andere Art und Weise als die Männer sind mir Frauen wichtig. Es gibt Dinge, die ich nur ihnen erzählen kann. Auch deshalb hätte ich gerne mit einer Frau zusammen „meinen" Film gedreht. Mit Frauen zu arbeiten ist einfacher, weil das Element der Koketterie wegfällt, wir durchschauen uns, und das ist schön. Wir brauchen uns nichts vorzumachen, wir kennen uns.

Was für ein Glück, dass es Frauenfreundschaften gibt. Ein Glück auch, dass man in späteren Jahren noch neue Freundschaften schliessen kann. Von Frauen habe ich viel bekommen, und vor allem habe ich Solidarität gelernt.

    Eine Frau meines Alters und ich erzählen uns zurzeit unser Leben, jeden Tag mit wachsendem Vertrauen ein Stückchen mehr. Da wird mir bewusst, wie schön es ist, eine Vergangenheit zu haben. Bis vor Kurzem noch schaute ich selten zurück.

Zum ersten Mal habe ich in diesem Jahr den Eindruck, angekommen zu sein.

So wie es ist, ist es gut.

Allerdings nahmen sich vier Frauen, die zu verschiedenen Zeiten eine Rolle spielten in meinem Dasein, das Leben.

Die Künstlerin in mittleren Jahren, die mich an die Hand nahm und nach Zürich brachte, weil sie sich in mich verliebt hatte, hat sich ein paar Jahre später, da war ich bereits in erster Ehe verheiratet, in ihrem Sous-Sol-Atelier erhängt. Es ging um eine letzte, unerwiderte Liebe zu einer Ärztin, Mutter von zwei oder drei kleinen Kindern, sie war mir zuvor in der Klinik als besonders anziehend aufgefallen.
    „*Life was an interesting experience, I do not regret it*", schrieb die Künstlerin.

Jahre später dann, im Zuge einer Ausstellung in einem Schweizer Museum – für die auch ich ein paar Bilder beitragen konnte –, wurde sie quasi wiederentdeckt. Es werden Biografien geschrieben, und sie ist inzwischen bekannt geworden. Ich habe am Fernsehen über sie gesprochen, da war ich selbst so alt, wie sie es war, als wir uns kennenlernten.

Die junge Galeristin, die als allererste Ausstellung mein *Lachsfarbenes Boudoir* zeigte und alsogleich Stadtgespräch wurde, denn sie war ausserdem sehr schön und die Freundin und Muse eines bekannten Malers. Ich verstand nie ganz, weshalb sie begann, sich mit denselben Attributen zu kleiden wie ich – Herrenhut und Trenchcoat, das war quasi meine Uniform –, und auch genauso frei zu leben versuchte. Sie litt unter Depressionen und hat sich eines Morgens, es war ein Pfingstmontag, eine Kugel in den Mund geschossen. Am Abend zuvor noch hatten wir beide an einer Party denselben jungen Mann umworben, ich erinnere mich genau, er war gross und blond, und sie hat ihn bekommen. Ich habe nie erfahren, was in jener Nacht geschehen ist.

Die Freundin, Modestilistin eines grossen Hauses in Zürich, mit der ich nächtelang

Telefongespräche über die Liebe führte, weil sie zeitgleich in eine schwierige Beziehung verstrickt war wie ich selbst: Auch sie hat sich erhängt, und zwar über dem Bett ihres Geliebten. (Viel später habe ich bei einem Film dieses Mannes das Modestyling übernommen.) Ach, hätte sie sich doch von dieser Liebe lösen können. Sie hat nicht mehr erlebt, dass mir selbst dies schliesslich gelang. Und dass mit dieser Trennung mein eigentliches Leben überhaupt erst begann!

Letzthin im Gespräch mit einer lieben Bekannten, die als rothaarige Single ein abwechslungsreiches Leben führt und Sex-Beraterin einer Schweizer Zeitung geworden ist, fragten wir uns, was die Selbstmörderin alles verpasst haben könnte, wie viele spannende Geschichten, und wie viele Liebesnächte?
    Sie selbst ist noch ehelos und sagt, sie habe ein Projekt, ja, genauso nennt sie es, ein Projekt: Sie wolle unter allen Umständen noch heiraten.
    Bloss wen?

Die Berner Künstlerin, eine nicht zu übersehende Erscheinung, von der mir jeder sagte, ich müsse sie dringend kennenlernen, und der jeder sagte, sie müsse mich kennenlernen, weil wir uns so ähnlich seien, und wir hatten es immer wieder versucht und uns immer wieder verpasst. Schliesslich aber fanden wir uns und dachten, dass unsere Bekannten recht gehabt hatten, und zwei oder drei Wochen lang verliessen wir uns in meiner Zürcher Wohnung keine Minute lang. Sie hat sich 15 Jahre später – wir sahen uns da nur noch selten, aber sie trug noch immer zigeunerhafte Kleider, wie ich sie früher für sie entworfen hatte – vor einen Zug geworfen.

    So war das.

Alle vier Frauen haben die rabiate, eigentlich sehr männliche, definitive Methode gewählt, nicht so wie ich, die ich gerettet wurde. Aber auch ich sah im Selbstmord stets eine valable Alternative.

Ach, ich will gar nicht an all die anderen Menschen denken, die bereits gehen mussten.
    Nicht heute jedenfalls.

Diese Nacht im Park erzählt mir die Schwanenfütterin, dass sich jedes Jahr in jenem Teich, in dem die ganz seltenen Schwäne mit dem gelben Schnabel zu Hause sind, dasselbe Drama abspiele, und zwar stets zur gleichen

Jahreszeit: Eines oder gar zwei der Tiere würden von Unbekannten zusammengeschlagen und dann eingefangen, um als Braten zu enden. Dieses Jahr habe der männliche Schwan flüchten können, sein Name sei Moritz und er lebe nun frei im See, und auch das Weibchen hätten sie nicht erwischt, ihm aber mit Eisenstangen so viele Knochen gebrochen, dass man es nicht mehr habe retten können und im Tierspital eingeschläfert habe.

Lebte ich in Rom oder in Berlin, würde ich für Katzen dasselbe tun wie die Semmelsammlerin für ihre Schwäne. In Genua gab es zwei einfache Frauen, die jeden Tag riesige Töpfe voller Spaghetti kochten und diese den heimatlosen Katzen brachten. Auch ich hatte in jener Stadt Pflichten, denen ich täglich nachging. Es ging dabei um einen vereinsamten Schäferhund, um wilde Katzen und um zwei vernachlässigte Papageien in einem Tiergeschäft. Vielleicht komme ich darauf zurück. Auch in Paris gab es ein paar menschenscheue Katzen, die im Winter in einer öffentlichen Garage unter den Autos versteckt an der Wärme lebten und im Hof der Cité des Arts, wo ich ein- oder zweimal ein Atelier hatte, nachts bei mir ihr Futter abholten.

Ich glaube, ich brauche kaum zu erwähnen, dass ich eine Katze mehr in die Schweiz zurückbrachte, als ich mitgenommen hatte in meinen halbjährigen Arbeitsaufenthalt in Italien. Sie war sehr krank und hatte sich zum Sterben unter ein parkiertes Auto gelegt. Aus Frankreich hingegen kam ich mit einem weiteren Hund zurück. Mit der Pariserin.

Die Schwarzen waren längere Zeit abwesend im Park, mit Ausnahme eines Mannes, der verloren wirkte und in schlechtem Zustand schien. Heute sind sie zu viert wieder da, nicht an ihrem ursprünglichen Platz, sondern etwa zwanzig Meter davon entfernt, bei einem der grossen Bäume mit tief hängenden Ästen, wo man einen guten Überblick hat aufs Geschehen in der Anlage.

Das Petite Fleur, erstes offizielles Bordell unserer Stadt, dessen Räume ich zu fotografieren plante, hätte heute versteigert werden sollen, da der Hausbesitzer (nicht der Betreiber, mit dem ich zu verhandeln versuchte), ein Wirt aus dem Quartier Wollishofen, einen grossen Schuldenberg angehäuft habe. Aus Gründen, die ich nicht kenne, wurde diese Versteigerung im letzten Moment abgesagt.

15. April
Tatsächlich ist der Schwanenteich leer. Das Gitter zum See hin wurde entfernt, man wird wohl davon absehen, erneut Vögel zu platzieren.

Das Petite Fleur ist verkauft worden, und zwar an einen millionenschweren Schweizer Financier, der in Südafrika Wohnsitz hat. Der Betrieb wird indessen weitergeführt.

In diesem Winter muss etwas passiert sein mit mir: Zum ersten Mal in meinem Dasein habe ich Boden unter den Füssen. Dabei ist nichts Besonderes geschehen, nichts, was ich benennen könnte.
    Ich hatte längst nicht mehr an die Möglichkeit einer solch drastischen Veränderung geglaubt, für meine Person schloss ich das aus. Ich dachte, dafür sei eine einzige Lebenszeit zu kurz.

Doch nach wie vor sitzt mir eine Angst im Nacken: Und wenn das nur vorübergehend wäre?

16. April
Als Teenager hatte ich fast ausschliesslich französische Autoren gelesen, das ging von

François Mauriac bis Henry de Montherlant, André Gide und Jean-Paul Sartre sowieso, später kam Louise de Vilmorin dazu, selbstverständlich Simone de Beauvoir, Georges Bataille, Violette Leduc liebte ich über alles, die Sprache von Marguerite Duras, eigentlich Musik, habe ich für immer im Ohr, die Krimis von Georges Simenon habe ich verschlungen, und seine Biografie ist faszinierend, und selbstverständlich gibt es kein einziges Buch von Colette, das ich nicht in französischer und in deutscher Ausgabe besitze, weil sie die sinnlichste aller Autorinnen ist. Es war meine Mutter, die mich auf Letztere hingewiesen hatte, ich glaube, anlässlich des Todes der Schriftstellerin, da war ich noch ein Kind.

Mit grosser Enttäuschung lese ich heute ein Erinnerungsbuch über den rätselhaften und umstrittenen Dichter Céline *(Voyage au bout de la nuit, Mort à crédit, Les Beaux Draps)*. Vor drei oder vier Jahren erzählt von seiner weit über achtzigjährigen Frau Lucette, inzwischen krank und abhängig, gut vierzig Jahre nach dem Tod des Schriftstellers, den André Gide ein Genie nannte. Lucette Almansor war Tänzerin, heute ist sie dem Tod nahe und eine der letzten Zeuginnen.

Louis Ferdinand Céline war Arzt und Poet, ein Nihilist und Zyniker, jedenfalls pflegte er dieses Bild von sich, wahrscheinlich Menschenhasser und möglicherweise Antisemit, wenngleich das Zweite in Frankreich mehrheitlich unter den Tisch gewischt wird oder zumindest umstritten ist. Trotz alledem hat er arme Patienten oft gratis behandelt.

 Seine Bücher sind weitgehend autobiografisch, vielleicht überzeichnet. Die damals sehr berühmte Filmschauspielerin Arletty (*Les Enfants du paradis* von Marcel Carné und mit Jean-Louis Barrault) war eng mit ihm befreundet, ich habe sogar noch ein Bild im Gedächtnis von ihr anlässlich eines Besuchs bei ihm, als er bereits keine Gäste mehr empfangen mochte, und dieses Foto war deshalb in Frankreich eine kleine Sensation.

 Einmal soll der amerikanische Schriftsteller Charles Bukowski, extra angereist, versucht haben, ihn zu besuchen, Céline war sein Idol, doch der Eintritt wurde ihm verwehrt.

Seit Jahren bewahre ich ein anderes Foto auf, es zeigt ihn in seinem etwas verwahrlosten Haus in Moidon, das er mit Lucette und vielen Tieren, Hunden, Katzen, Singvögeln und auch einem Papagei in den letzten zehn Jahren seines schwierigen Lebens bewohnt hatte. Eigenartigerweise hat eine Hauptfigur in seinem bekanntesten Buch denselben Namen wie ein von ihm geliebter und auf verschiedenen Reisen oder Fluchten mitgeführter Kater: Bébert. Wer war zuerst?

Das Foto hatte ich ausgeschnitten in einer Zeit, als ich selbst noch nicht im Traum daran dachte, mein eigenes Leben mit Tieren teilen zu wollen. Trotzdem muss die Anziehung des Bildes auf mich damit zu tun gehabt haben. Seit Langem ist es Teil meiner überbordenden Pinnwand, und es will mir nicht gelingen, es auszuwechseln.

    Es zeigt den Schriftsteller ein Jahr vor seinem Tod mit einem lächelnden Blick auf seinen Papagei Toto, der es sich inmitten eines mittleren Chaos auf des Dichters Schreibtisch gutgehen lässt und an einem Füllhalter in seiner linken Klaue knabbert. Hinter Céline steht ein offener Vogelkäfig, und ein offensichtlich unbenutztes Cheminée von klassischem Zuschnitt ist zu sehen, auf dessen Bord sich Zettel häufen, zum Teil mit Wäscheklammern an eine Standuhr geheftet, auch der Schirm einer Stehlampe ist mit diesen Zettel-Klammern bestückt. Im Spiegel über dem Cheminée, nur schwach zu erkennen, das lachende Gesicht von Lucette.

Auf der Rückseite dieses Blattes ein Foto des Hauses, der Villa Maitou, dreistöckig, düster, davor ein ebenso vernachlässigter Garten, Céline kommt dem Fotografen entgegen, mit wehendem Schal, im Hintergrund spielt Lucette – sie trägt ein bodenlanges dunkles Kleid – mit einem schwarzen Königspudel, der ihr stehend fast bis auf Augenhöhe reicht und der verblüffenderweise ganz modisch „frisiert" scheint.

    Welche Enttäuschung: Im Buch von Lucette Almansor erfährt man nichts. Nichts über den Menschen Louis Ferdinand Céline. Damit wird er wohl für immer ein Rätsel bleiben.

17. April
Der Filmer bittet mich am Telefon, weitere Fotos zusammenzustellen, die ich aus mir wichtigen Gründen aufbewahre.

Denn als ganz junges Mädchen hatte ich begonnen, gewisse Zeitungsartikel aufzuheben. Seit Jahren liegen mittlerweile vergilbte Ausschnitte, die mich offensichtlich berührt hatten, und dies beim heutigen Wiederlesen nach wie vor tun, in Ablageschachteln.

Ganz weit unten in dieser Sammlung stosse ich, unter dem Titel „Ex-Mannequin führte vor

Hungertod Tagebuch", auf das Bild eines Pariser Fotomodells namens Marcelle Pichon. Das leicht unscharfe Bild zeigt ein ernstes, helles, flächiges Gesicht mit mandelförmigen Augen und – im Stil der Fünfzigerjahre – perfekt nachgezogenen Brauen, der geschminkte Mund ist leicht geöffnet, die Zähne ebenmässig. Das dunkle Haar ist zurückgekämmt, wahrscheinlich zu einem Chignon, wie das an Modeschauen früher üblich war, die Ohren tragen grosse Clips. Die stark vergilbte Zeitungsnotiz stammt aus dem Jahr 1985, das Fotoporträt der Person ist jedoch 31 Jahre alt, offenbar hatte man kein neues Bild gefunden. Die Frau hatte in den Fünfzigerjahren als Mannequin für den berühmten Couturier Jacques Fath gearbeitet. Ich erfahre aus der Legende, dass sie sich in genau dem Alter, in dem ich mich heute befinde, zu Tode gehungert hatte, ohne dass irgendjemand sie danach vermisst hätte. Sie hatte eine Art Hungertagebuch geführt, das am Tag vor ihrem Tod, dem 7. November 1984, zu Ende war. Gefunden wurde sie – praktisch mumifiziert, es gibt ein Bild davon – in ihrer Pariser Wohnung am 27. August 1985, also etwa neuneinhalb Monate später!
   Welche Einsamkeit!

Oder eine andere, ebenso vergilbte und ebenso geheimnisvolle Notiz, betitelt: „Die grosse Garderobe der grossen Unbekannten". Es geht um die Versteigerung der riesigen Garderobe einer unbekannten Frau, bestehend aus rund tausend Haute-Couture-Modellen erster Güte. Es gibt darunter nummerierte Modelle, die bereits in die Modegeschichte Eingang gefunden haben und bis zu 145'000 Franken gekostet hatten. Die Frau muss häufig im Rampenlicht gestanden haben, denn es waren Hunderte von Abendroben da, und zu Hause scheint sie schwanenfedernbesetzte Negligées getragen zu haben. (Auch ich besass mal eins, mein schöner Künstlergatte trägt es auf einem viel publizierten Bild, verkleidet als eine Art weiblicher Vamp.) Die Kleider sollen in nicht weniger als sechzig Schränken aufbewahrt worden sein. Man weiss nicht, wer die Frau war, ausser, dass sie „in den besten Jahren tragisch verunfallt" sei, Deutsche war und oft in Montreux gelebt habe. Die Kleider sind den Jahren 1970 bis 1984 zuzuordnen.

 Ende April 1984 also soll sich bei Montreux ein Liebesdrama abgespielt haben, bei dem eine Frau von ihrem Geliebten getötet worden sei, der sich danach selbst gerichtet habe. Beide seien an reiche Partner gebunden, selbst aber mittellos gewesen.

In eine kleine Installation in meiner Wohnung habe ich vor längerer Zeit folgende Zeitungsnotiz eingearbeitet:

„Russische Tänzerin tot aufgefunden.
Gesucht wird ihr
geheimnisvoller junger Begleiter"

Leider fehlt heute der weitere zugehörende Text. Schade. Solche Geschichten inspirieren mich.
    Filmstoff! Recherchen dazu müssten spannend sein. Wie schade, dass Film nicht mein Medium ist.

18. April
Treffen mit der Freundin und ihrem grossen rotlockigen Hund, danach mit dem Filmer, Mittagessen am See.

Verabredung zu einer Kunsthaus-Ausstellung von einem sehr berühmten deutschen Maler der Gegenwart, dessen Preise heute zu den höchsten gehören in Europa, das heisst, er ist inzwischen ein reicher Mann. Mit ihm und anderen Freunden zusammen zog ich früher gelegentlich um die Häuser, da waren wir alle noch mittellos. Er trank damals sehr viel und wir auch nicht wenig. Das hat sich geändert, und er hat wie einige von uns, aber nicht alle, wohl die Kurve zu einem nüchternen Leben rechtzeitig genommen.

Ich habe da eine Erinnerung, die nicht sehr schön ist: Kurz nach einer meiner frühen Performances, ich hatte mich einmal mehr übernommen und lag krank und ermattet auf der Bodenmatratze einer Bekannten, legt sich ein Mann auf mich und hält mich fest und will meine offensichtliche Schwäche für seine eigenen Ziele nutzen. Zum Glück kam jemand dazu und warf ihn aus der Wohnung.

Aber später, Jahre später, wurde aus ihm ein sehr interessanter und gar international bekannter Künstler.

Der Verlagsvertrag muss komplettiert und unterzeichnet werden.

Für die Film-Eingabe beim Bund müssen Fotos ausgesucht und eingescannt werden.

Heute wächst mir alles über den Kopf, der Arbeitstisch ist überhäuft mit Papieren, die abgelegt werden sollten. Schachteln voller Presseartikel von früher müssten sortiert und später wieder weggeräumt werden, aber wohin damit? Die Biografin braucht sie, auch der Filmer will sie sehen.

Ich träume davon, dass sich irgendwann irgendjemand all dieser Unterlagen annehmen wird, vielleicht wird das gemacht, eines Tages, wer weiss.

Desgleichen die ganzen Negativ-Ordner mit all den Arbeiten, die ich nie ausgemistet oder gar ausgewertet habe…

19. April
„Mit Sonnenbrille und Trauerschleier gab die Witwe Buchalter nach der Hinrichtung ihres Mannes eine Pressekonferenz."

Diese Legende steht unter einem faszinierenden Foto, das sich ebenfalls in meinen Papieren befunden hatte, datieren kann ich es nicht mehr. Aber auch dieses Bild ist nach wie vor Teil meiner Pinnwand im Arbeitszimmer, rechts vom grossen roten Tisch.

Es zeigt, an einem runden Tisch mit weissem Tischtuch sitzend, eine Frau mit schön geformtem, schlankem Gesicht, helle Haut, dunkelrote Lippen, durchgestochene Ohrringe. Sie trägt eine Sonnenbrille, und zwar die katzenhafte Form mit nach oben gebogenen äusseren Enden. Diese lässt sorgfältig ausgezupfte und nachgezeichnete Brauen frei.

Das dunkle Haar, links gescheitelt, ist zurückgekämmt, um ein kokettes kleines schwarzes Hütchen, Stil Pillbox, zur Geltung zu bringen, das vorne durch einen Gesichtsschleier, der fast bis auf die Brille reicht, abgeschlossen wird. Die Frau mit ernstem oder sogar etwas hochmütigem Gesichtsausdruck, sich ihrer Weiblichkeit durchaus bewusst, sitzt in selbstbewusster Haltung, einen Arm lässig auf den Tisch gelegt, die Hand hängt entspannt. Die andere Hand mit blutroten Nägeln und einem Ring mit Schmuckstein hält ein Blatt Papier, vielleicht den Text ihres Communiqués. Diese schwarzgekleidete Figur nimmt die Mitte des Bildes ein, ganz offensichtlich ist sie Zentrum grossen Interesses, rechts von ihr sitzen zwei eifrig schreibende Männer mit brillantiniertem Haar, links von ihr ebenfalls zwei ihr zugewandte, eilfertig schreibende Männer. Die Körpersprache von allen fünf abgebildeten Menschen sagt ganz klar: Die Frau des hingerichteten Mannes hat, weil sie attraktiv ist, und weil sie das weiss, sowohl diese Männer als auch ihre Situation fest im Griff.

    Für mich ein rätselhaftes Bild auch dies. Dem Kriminalautor Raymond Chandler hätte es gefallen. Wie gerne wüsste ich mehr.

Heute am Bellevueplatz ein mir irgendwie bekanntes Gesicht gesehen, die Frau schon älter, stark gehbehindert mit Stock, etwas übergewichtig, das Gesicht rund, Kortison könnte die Ursache sein. Sie ging gebückt und mit ganz kleinen Schritten, sie schien sich sicher, dass man sie nicht erkennen würde. Es war die heute weit über siebzigjährige erste Bundesratskandidatin – das war 1983 – und vor vier Jahren zurückgetretene Alt-Nationalrätin für die Sozialdemokraten. Ich hatte mir damals sehr gewünscht, dass sie in den Bundesrat gewählt würde, und wusste gleichzeitig, dass dies nicht gelingen könne. Die Zeit war noch nicht reif.

Ist sie es denn, wenn man die Sache ganz genau betrachtet, heute? Die Art und Weise, wie manchmal mit politisch aktiven Frauen umgegangen wird, lässt keinen durchwegs positiven Schluss zu.

20. April
Morgens Frauentreffen zum Kaffee, stets erfreulich und spannend.

Zuvor auf einer Wegstrecke im Park von einem Gärtner der Anlage jeden Baum erklärt bekommen, sein Alter, seine Geschichte, ja gar seine Eigenheiten. Mit grosser Zuwendung, ja Liebe betrachtete er jeden einzelnen Baum, fast so, wie ein Mann eine Frau betrachten würde.

21. April
Zehn verschiedene Entengattungen leben bei uns im See. Ich lese auf einem Schild, dass es Spiessenten, Krickenten, Schnatterenten und Stockenten gibt. Sowie Schellenten, Reiherenten, Pfeifenten und Löffelenten, Tafelenten und Kolbenenten, das kann man sich gar nicht alles merken.

Dann gibt es die Vögel, die wir Taucherli nennen, es sind: Teichrallen, Blässrallen, Zwergtaucher, Haubentaucher und Gänsesäger.

Bei den Möwen gibt es die Weisskopfmöwe und die Sturmmöwe.

Zu den grösseren Vögeln gehören der Reiher und der Kormoran.

Nicht unerwähnt lassen darf ich ein Unikum, eine einzelne Gans nämlich namens Hans, wie ich erfahre, die ich im letzten Sommer zum ersten Mal gesehen habe. Sie scheint ganz oben am See jemandem zu gehören und schwimmt bis in die City. Sie hat sich inzwischen einem Einzelschwan, dem Max, angeschlossen und bettelt jeweils mittags auf der Wiese den Menschen ihr Stück Brot ab. Sowohl der Hansli als auch der Max hören auf ihre Namen und kommen angeschwommen, wenn man sie ruft.

Jedes Jahr nistet eine der verbreitetsten Enten, eine Stockente, in den Bambuspflanzen der Sauna-Anlage direkt neben unseren Liegestühlen. Während wir unsere Zeitung lesen, sitzt sie geduldig und still auf ihren sieben bis zwölf Eiern, und zwar während 28 Tagen. Normalerweise verlassen die Jungen das Nest schon ganz kurz nach dem Schlüpfen. Manchmal bleibt ein einzelnes Ei zurück.

    Die Entenmütter bleiben noch fünfzig bis sechzig Tage mit ihren Jungen zusammen, die nach sieben bis acht Wochen flugfähig sind. Ich lese, dass ihre Fluggeschwindigkeit bis zu 110 Stundenkilometer betragen kann, und ihre Flügelspannweite bis zu 95 Zentimeter.

Die Stockenten kommen ausser bei uns auch in Nordamerika, in Asien und im nordwestlichen Afrika vor, informiere ich mich, und zwar in jeder Art von Gewässer, Seen, Flüssen und Teichen. Ihre Lebenserwartung liegt offenbar bei zehn bis 15 Jahren, in menschlicher Obhut können sie sogar bis zu vierzig Jahre alt werden!

Sie leben wie die meisten Vögel monogam. Sie ernähren sich vorwiegend vegetarisch, das heisst von Blättern, Körnern und Samen, auch Früchte mögen sie. Und natürlich von dem Brot, das wir Menschen ihnen verfüttern. Gelegentlich fressen sie anscheinend auch Würmer und Insekten.

Fassungslos habe ich mehr als einmal etwas beobachtet, das offenbar nicht selten vorkommt: Eine Horde von Erpeln vergewaltigt ein Entenweibchen, indem sie es im Nacken packen und unter Wasser drücken. Die ganze Aktion kann so lange dauern und so böse Verletzungen nach sich ziehen, dass das Weibchen daran stirbt. Die Tiere leben zwar in Einehen, doch soll es, warum, weiss ich nicht, oft zu wenige Weibchen geben. Letztes Jahr musste ich zusehen, wie ein Weibchen, das fünf ganz kleine Junge mit sich führte, von sechs Männchen systematisch und immer und immer wieder vergewaltigt wurde, es war ein herzzerreissendes Spektakel, das kein Ende nehmen wollte. Ihr Enterich versuchte die ganze Zeit, die Erpel zu vertreiben, doch gegen ihre Übermacht war er chancenlos. Ausser mir haben noch andere Menschen machtlos zusehen müssen.

22. April
Anruf vom Filmer mit Fragen zu meinem früheren und meinem heutigen Leben. Schwierig,

ich fürchte, dass ich zumindest heute kaum Bilder liefern kann, denn mein Dasein ist genauso wenig spannend wie dasjenige von vielen anderen Menschen auch. Wurde aber auch Zeit!

Doch den Filmer mag ich je länger, je mehr. Das ist gut.

Er fragt, welche Menschen mir „wichtig" seien oder früher einmal einen Platz in meinem Leben gehabt hätten.

Da fällt mir spontan ein Kulturphilosoph – so nennt er sich – ein, und den gibt's noch immer, stets gut gelaunt, jeder Berner kennt ihn, er hat letzthin eine Ausstellung kuratiert im dortigen Kunstmuseum: Gerhard Johann Lischka. Er war Zeuge meiner ersten Schritte in die Kunstwelt und schrieb darüber in seiner damaligen Zeitschrift *Der Löwe* bzw. *Die Löwin*. An jeder wichtigen Vernissage anzutreffen.

Desgleichen der Filmregisseur Daniel Schmid, der mir kürzlich bei unserer Begegnung im Park sagte, wie sehr er meine Arbeit liebe, seine Filme kennen wir alle. Leider ist er sehr krank.

Oder der damals befreundete Filmer Reto Andrea Savoldelli – es gibt ein hübsches Foto von ihm in meiner Küche –, längst untergetaucht in Dornach bei den Anthroposophen. 1971, da war ich noch nicht direkt mit Kunst befasst, aber bereits Teil einer „kreativen" Szene, hatte er mich durch seinen wunderbaren Film *Stella da Falla* an den Solothurner Filmtagen tränenüberströmt zurückgelassen.

Oder der Filmer Georg C. Radanovitch, mit dem mein Künstlergatte sehr befreundet und der unser Trauzeuge gewesen war, er scheint heute glücklich im Aatal zu privatisieren.

Der vielseitige Künstler Peter Schweri, der seine Ideen seit jeher freigebig an andere Künstler weitergibt und inzwischen erblindet ist. Verblüffenderweise erlebe ich ihn nie deprimiert. Mit grosser Lupe und massiv vergrössertem Bild auf dem Computer sah ich ihn noch arbeiten, heute gibt er Anweisungen dazu, eine Künstlerkollegin führt diese aus.

Oder der berühmt-berüchtigte Rockerboss Tino, der versprach, mich jederzeit zu beschützen, weil wir letztlich beide Aussenseiter seien: aus dem Gefängnis geflohen und tot. Auf die Gründe seiner Haft will ich hier lieber nicht eingehen.

Es gab eine ganze Clique, die oft zusammensass. Dazu gehörte der deutsche Künstler Sigmar Polke, sehr oft und jeweils für längere Zeit in Zürich, und auch der jüngste Rocker, zu Beginn fast noch ein Kind, der sich „Looser" nannte, sowie der attraktive Peter Breslau, später wird er Lebenspartner der Aktionskünstlerin Susan Walder. Alle waren zugegen bei meiner Kunstpremiere. Stets dabei auch der Fotograf, Kunstsammler und Mäzen Andreas Züst, der zumeist die Rechnungen übernahm. Am Tag vor seinem frühen, sehr plötzlichen Tod im Jahr 2000 soll er in „meiner" Galerie ein Bild von mir gekauft haben, es war offenbar sein letzter Kauf.

Zur selben Clique gehörte die auffallendste männliche Erscheinung damals, der junge Privatier Baron Fredy von Beck, der mit dem Jeep vorfuhr, als ich nach meiner ersten Vernissage einen Zusammenbruch erlitt, mich im Kontiki auflas und sich bis zu meiner Genesung ein paar Wochen später keinen Schritt von mir entfernte, Tag und Nacht. Inzwischen durch Medikamente umgekommen, vielleicht war es Selbstmord, man weiss es nicht.

Die schöne Filmerin Isa Hesse, verheiratet mit einem Sohn Hermann Hesses und Mutter dreier erwachsener Kinder: In Paris spielte ich in einer kleinen Nebenrolle eine Frau im Rollstuhl. *Sirenen-Eiland* wurde später am Festival von Venedig präsentiert. Es gibt ein eigenwilliges Pressefoto von mir zusammen mit Ines – damals die Geliebte von Meret Oppenheim –, die ebenfalls mitspielte, aufgenommen in den Katakomben. Das Bild soeben im Internet wiedergefunden. Meret Oppenheim bewohnte zu jener Zeit ein sehr kleines Pariser Parterre-Appartement, das sie mit Ines teilte. Jeden Morgen trägt Letztere ihre Matratze in den Keller und abends wieder zurück. (Die Liebesgeschichte der beiden nahm allerdings kein gutes Ende.) Öfters sassen wir in hübschen, typisch französischen Bars zusammen, jedoch ganz ohne über Kunst zu reden. Isa Hesse und Meret Oppenheim sind inzwischen gestorben. Die deutsche Künstlerin Ines-Irene Llosent y Gall, sehr stolz auf ihren schönen Namen und ganz zu Beginn Schülerin von Meret, kommt nur schwer über die Trennung hinweg. Unzählige Anrufe – ich lebe da längst wieder in der Schweiz – haben dieses eine Thema zum Inhalt. Später nennt sie sich „Hamburgs erste Geige", das fand ich spannend.

Oder einer der berührendsten Männer damals, in einer Gefängniszelle erhängt. Ich erfuhr es bei meiner Rückkehr in die Schweiz. Er soll Haschisch von Amsterdam in die Schweiz geschmuggelt haben. Er hatte mich verlassen für ein mir unbekanntes Mädchen. Man sagte mir, dass er an Platzangst gelitten habe.
   Er war noch so jung.

Doch zurück zur Gegenwart.
   Tatsächlich, heute sitzt wieder eine Ente in der bepflanzten Eternitschale auf ihren Eiern, so nah bei den Menschen, dass man nur den Arm auszustrecken bräuchte. Ob es jedes Jahr dieselbe ist?

Im Park begegne ich ab und zu einem oder zwei der dunklen Dealer, mal hier, mal da. Ganz offensichtlich suchen sie eine neue Strategie, weil sie den Stoff nicht auf sich tragen wollen. Gestern haben sie ein Gebüsch ausserhalb der Anlage geprüft, an einem Standort, der sich von zwei Seiten überblicken lässt. An ihrem früheren Stammplatz bei den Rhododendren ist die Erde an zwei Stellen auffallend aufgeworfen, hier muss gebuddelt worden sein. Die meisten Geschäfte laufen über Handy, fast nicht mehr vorstellbar, wie das früher war.

23. April

Auf neun Eiern sitzt die gut getarnte Ente in ihrem mit Daunen ausgefütterten Nest. Ich konnte die Eier zählen, als sie mir, mit riesengrossem Appetit, eingeweichtes Brot direkt aus der Hand frass. Nun denn, ich werde sie weiterhin füttern, vermutlich kann sie sich schlecht selbst versorgen in dieser Zeit, nächstes Mal bringe ich ihr Grünzeug mit. In meinen Untersuchungen über das Leben der Enten finde ich nirgends eine Bemerkung darüber, wie sie während der Brut zu ihrem Futter kommen, und ob sie zu diesem Zweck das Nest verlassen.

Aber ich lerne, dass die Paare sich bereits im Herbst zusammentun, die Balz dauert dann bis zur Fortpflanzung im Frühling, und sie erkennen sich von Weitem. Das Nest aus Halmen und Zweigen, mit Daunenfedern ausgepolstert, wird jedoch vom Weibchen allein gebaut. Die Jungen tragen zu Beginn allesamt dieselbe braune Tarnfarbe, ob männlich oder weiblich, wahrscheinlich, um besser zu überleben, denn es gibt Feinde: Hier am See dürften das vor allem die Ratten sein und die Krähen sowie der Milan. (In der Badeanlage tummeln sich derzeit mehrere Rattenfamilien, und ich sehe sie im Halbdunkel die Abfallsäcke plündern.) Im Spätsommer trägt auch der Erpel, und das war mir neu, ein sogenanntes Schlichtkleid (wozu?) und sieht dann genauso aus wie das Weibchen, man erkennt ihn nur noch an seinem gelben Schnabel. Sonst aber ist sein Gefieder vor allem am Kopf schillernd grün mit einem weissen Halsring und wird von den Menschen Prachtkleid genannt.

 Die Wassertiere fetten sich ihr Gefieder regelmässig ein, zu diesem Zweck nehmen sie mit dem Schnabel Fett auf aus einer Drüse an der Schwanzwurzel, der Bürzeldrüse, und streichen es sich in das Federkleid. Letzteres wusste ich bereits.

Ich erfahre auch, dass „Notzüchtigungen" nicht selten seien und dass Weibchen dabei oft zu Tode gehetzt würden.

24. April
Die Tagebuchnotizen an den Filmer sind weg, wie stets mit grossen Widerständen und einer leisen oder gar grossen Scham.
 Da muss ich durch.
 Obwohl wir uns längst im neuen Jahrtausend befinden, fällt mir auf, wie viele Erinnerungen aus früheren Jahren beim Schreiben hochkommen.

Mit Spannung warte ich auf einen Bescheid bezüglich Atelier.

25. April
Morgenverabredung mit einem Freund, der als Allererster die Idee zu einem Manon-Film hatte, aber mit seiner Eingabe bei der Filmförderung nicht durchkam. Nicht des Themas wegen, sondern weil er vom Werbefilm herkommt, also punkto Kinofilm keinen Leistungsausweis hat. Er sagt, er stecke in einer tiefen Depression und habe seither keine neuen Pläne.

Die Ente hat ihre Eier im Stich gelassen, es sind sogar deren zehn. Ob ich sie nicht hätte füttern dürfen? Ob ihr der Ort danach zu unsicher erschien?
    Ich weiss es nicht.

Abends zusammen mit meinem Mann ganz kurz an eine Vernissage in „meiner" Galerie. Sie zeigt einen Künstler, der berühmt geworden war durch die Erfindung und Gestaltung einer aufsehenerregenden Film-Figur und ihres Umfelds, für die er den wichtigsten amerikanischen Filmpreis bekam. Dieser brachte ihm insofern kein Glück, als er seither eher als Gestalter denn als Künstler wahrgenommen wird. Von den Kunsthäusern wird er bis heute gemieden.

Daraufhin hat er sich ein eigenes Museum, nur für die eigenen Werke, geschaffen. Denn beim grossen Publikum ist er äusserst beliebt, und seine Airbrush-Arbeiten, zumeist Ton in Ton, verkaufen sich sehr gut. Viele verehren ihn fast wie einen Heiligen, seine Plakate hängen in unzähligen Jugendzimmern.

Es gibt in seiner Ausstellung ein paar neckische Objekte, die ein weibliches Geschlechtsteil darstellen, ganz naturalistisch nachgeformt, hübsch und rosig. Wäre ich reich, würde ich eins davon vielleicht sogar kaufen, obwohl mir die populären Bilder des Künstlers nicht gefallen. Sie streifen ganz gefährlich den Kitsch.

An fehlender Begabung läge es nicht.

26. April
Eben ein Anruf von der sehr eleganten und durchaus auch eitlen Freundin, sie habe sich einem kosmetischen Eingriff unterzogen. Eine Mutprobe. Vollnarkose. Eine Nacht Spital. Bin gespannt auf das Resultat. Ich kann sie gut verstehen, sie ist als Schönheit durchs Leben gegangen, da will sie nicht so schnell klein beigeben.

Ich hatte jedoch keinen einzigen Makel an ihrem Äusseren festgestellt.

„Sie kam nun in ein Alter, in dem man mehr auf die Gesamterscheinung achten muss", beschrieb die Schriftstellerin Colette eine ihrer Protagonistinnen, die ein durchaus spannendes Liebesleben führte und gerade eben fünfzig geworden war.

Früher oder später werden sich auch die schönsten Frauen der Vergänglichkeit stellen müssen, es führt kein Weg daran vorbei.

Dannzumal wird es darauf ankommen, was sonst noch für Ressourcen vorhanden sind.

27. April
Zurück zur Vernissage von vorgestern:
Da fällt mir ein, dass es im Zuge meiner ersten Kunstaktion bei Li Tobler 1974 eine Ausstellung gab unter dem Motto: Manon, gesehen von anderen Künstlern.

Oben genannter Künstler malte mich zusammen mit meiner Katze Minou, er nannte das Bild *Minon*, das ergab dann ein Titelblatt auf dem Journal *Metal Hurlant, hors-série, spécial Lovecraft*. Auch diese Arbeit entstand wie die meisten mit Spritzpistole, Grautöne herrschen vor.

Man sagte mir, dass es Menschen gebe, die genau dieses Sujet auf ihren Körper tätowieren liessen. (Inzwischen habe ich sogar ein Foto davon gesehen, auf einem männlichen Oberschenkel.)

Der gross gewachsene schlanke Berner Fotograf, der mit überdimensionalen schwarzweissen Bildern bekannt wurde (und mich bereits für Helena-Rubinstein-Kosmetik als Model gebucht hatte, wovon ein übergrosses Werbefoto zeugt), wickelte mich von der Taille abwärts in eine Schlangenhaut, und zwar auf dem Bett meines *Lachsfarbenen*. Trotz nackter Brust wirkt das Foto sehr keusch. Neckischerweise fügte der Fotograf bei der Bild-Präsentation noch ein Stückchen echtes Fell im Ozelotmuster bei.
    Mit ihm zusammen waren meine sehr frühen schwarz-weissen *Fetischbilder* entstanden, denn bei einem Besuch bei mir zu Hause war ich mit dem Arrangieren und Beleuchten meiner Objekte beschäftigt, und er wollte alsogleich eine soeben erstandene Kamera ausprobieren. So kam es zu dieser Kooperation. Bis heute habe ich die Fotos allerdings kaum ausgestellt, das sollte ich mal ins Auge fassen.

Mein zweiter Gatte, bis anhin zumeist allein auf seinen fotografischen Selbstporträts, zeigte sich hier mit mir zusammen im Bild, er beugt sich über mich, wohl um mich zu küssen, ich liege hingestreckt in einer Hängematte, ein sehr romantisches Sujet. Genau genommen ein Ferienfoto vom italienischen Lago d'Iseo, grossvergrössert in Schwarz-Weiss auf eine Leinwand. Es war unsere letzte gemeinsame Reise. Wir ahnten es und liebten uns sehr und hörten unentwegt die Lieder von Mina und waren sehr glücklich zusammen und gleichzeitig ganz unbeschreiblich traurig.

Dann gab es ein Bild von meinem langjährigen Zürcher Künstlerfreund: Es ist ein vergrössertes Polaroid in Farbe. Ich sitze in einem Jeep, demjenigen des Freiherrn Baron von Beck. Auch dieser beugt sich über mich, allerdings um mich aus dem Fahrzeug zu heben. Wenn ich recht erinnere, trage ich dabei mein schwanenfedernbesetztes weisses Satin-Negligé.

Eine Zeichnung auf Papier fügte der bekannte Berner Künstler bei, der nicht nur zeichnet und malt, sondern auch äusserst trickreiche, poetische Objekte herstellt. Jeder wird sich erinnern an ein aus drei Zweiglein hergestelltes

Ojekt namens *Eva.* Sein Bild von mir war ein kleines Porträt, nach einem Foto gemalt, noch bevor wir uns kennenlernten. Er hat es mir schliesslich geschenkt.

    Durch ihn begegnete ich der berühmten Amsterdamer Galeristin Wies Smalls. Die Schau *Sentimental Journey,* bei der ich jedem einzelnen Zuschauer vis-à-vis sitzend für eine gewisse Zeit in die Augen schaue, gestaltete ich 1979 für ihre Galerie De Appel. Mir schien, halb Amsterdam sei anwesend gewesen, das Gedränge war gross, es gab Warteschlangen, und nicht jeder Besucher kam schliesslich zum Zug. Selbst die später berühmt gewordene Marina Abramović war da und Künstlerin desselben Hauses.

    Die Idee scheint ihr gefallen zu haben.

Gerne hätte ich ein Bild dabei gehabt von einem noch ganz jungen Luzerner Künstler und Selbstdarsteller, der sich damals auf seinen Fotografien mit Vorliebe travestierte und ebenso später dann in Berlin erfolgreich zusammen mit einem dortigen Maler. Sehr genau erinnere ich mich an die Zimmer der Wohngemeinschaft in einer alten Villa, die später durch Bilder von Franz Gertsch berühmt wurde. Seine bunten Postkarten-Selbstporträts, stets mit roter Tinte adressiert, besitze ich noch. Sie sind hochglänzend und mit runden Ecken versehen.

Die Galeristin allerdings wollte ihn nicht ausstellen.

Ein Fehler.

Leider erinnere ich nicht, was jener bekannte und äusserst provokative, in Köln lebende deutsche Fotokünstler beigetragen hat, der ebenfalls zumeist selbst auf seinen sexuellen und zweigeschlechtlichen Bildern vorkommt und damit Furore machte und nach wie vor macht, und das zu Recht! Eine ganz singuläre Künstlerpersönlichkeit, ich bewunderte ihn sehr. (Ein Jahr später in Luzern auch einer der „Transformer".)

Wie schade! Müsste mal nachfragen.

28. April
Grosses Glück hatte ich mit einem wichtigen Mode- und Werbefotografen. Ganz ohne Honorar fotografierte er ausser dem Spiegelkabinett mit Bett und Baldachin und tausend Objekten auch die Performance *The Artist is Present* mit zwanzig Manon-Doubles im Rathaus Luzern, und ebenso die Installation *Die Philosophie im Boudoir* mit acht Seziertischen in meiner Zürcher Galerie und, das fällt mir gerade eben ein, zudem noch die

Schau *Manon Presents Man* mit sieben lebenden Männern in den Schaufenstern jener ehemaligen Metzgerei in Zürich-Höngg. Alles in Farbe, und daraufhin schenkte er mir die Diapositive. Vielen Dank, lieber Jost Wildbolz! Das werde ich Dir nie vergessen. Alle Bilder sind inzwischen vielfach publiziert, und manche kommen bereits vor in meinem allerersten Büchlein.

Samstag. Bibliothek. Regen. Gibt es etwas Angenehmeres, als bei diesem Geräusch mit einem Stoss neuer Bücher neben sich unter der Bettdecke zu liegen? So könnte ich mein Leben verbringen, noch fünfzig Jahre lang.

29. April
Jeder Tag ist ein guter Tag, hatte ich mir einmal notiert. Heute ist jedoch kein guter Tag. Beziehungsprobleme drücken mich, und es sind stets dieselben, wir werden sie nie lösen: Er ist ein Mann und ich bin eine Frau, und so ist unser Blick auf die Welt nicht derselbe.

Nichtsdestotrotz habe ich genäht und meine Frühlingsgarderobe hergerichtet, Säume verlängert oder gekürzt. Nähen gehört zu den Arbeiten, auf die ich mich verstehe. Ausserdem kann ich: schreinern, gipsen, malen, Möbel restaurieren, jede Art von Handwerk liegt mir, ich habe geschickte Hände. Auch putzen kann ich gut, und zwar rasch und professionell. Ausserdem kann ich Haare schneiden, meine eigenen und diejenigen meiner Freunde, die dazu jeweils extra herkommen.

Ich mag meine Hände, weil sie tüchtig sind.

Fürs Kochen dagegen fehlt mir jede Begabung. Zum Glück konnte ich mir das Leben zumeist so einrichten, dass ich das nicht zu tun brauche. Überhaupt bin ich schlecht darin, Menschen zu umsorgen, das traue ich mir einfach nicht zu.

Da ist eine grosse Scheu.

Allerdings kann ich sehr gut zuhören und erkenne psychologische Zusammenhänge rasch. Als Psychiaterin wäre ich vielleicht nicht übel gewesen. Nun bin ich halt Künstlerin geworden, offenbar führte da kein Weg dran vorbei.

30. April

Ein paar schöne Morgenstunden mit einem Freund verbracht, die Zeit verging wie im Flug.

Dabei gelernt, dass eine Nähnadel, in ein Glas Wasser gelegt, unweigerlich nach Norden zeigen wird. Es hat zu tun mit der

Erdanziehung, wie bei einem Kompass. Die Richtung, in die mein gerundetes Fenster zeigt, Morgensonne, ist also Osten, und der Sonnenuntergang, das Abendrot, das ich vom Arbeitstisch aus sehe hinter dem Üetliberg, ist Südwesten.

Abends ein Bad im See, seit der Erkältung zum ersten Mal wieder.
 Im Sommer dann: Jeder Schwimmer unserer Stadt weiss, wenn zwei der Zürcher Kirchtürme sich optisch überlagern, ist die Seemitte erreicht.
 Einmal, ein einziges Mal vor zwei oder drei Jahren, bin ich extra nach Bern gefahren, um mich in der Aare treiben zu lassen. Unvergessen.

1. Mai
Im Keller-Archiv Sujets gesucht für den Filmer, dabei zusammengerollt riesengrosse Malereien gefunden, genauso lang wie die längste Wand jener Räume im Genua-Atelier. Seither nie ausgerollt, nie mehr angeschaut, nie jemandem gezeigt, vergessen. Sie sind ganz eigenartig, gut irgendwie, sie auszustellen wäre es wohl wert. Irgendwann wird man sie finden in meinem ganzen Zeug, einer wird auf die Idee kommen, sie zu zeigen, wer weiss,

irgendwann wird ja unter Umständen jedes Fetzelchen wichtig.

Und ach, diese unzähligen Fotos da unten in Umschlägen und in Schubladen, sie wachsen mir über den Kopf, wie soll ich sie jemals sortieren, wie einen Überblick gewinnen?
   Nie gezeigt zum Beispiel eine recht umfangreiche Bildserie, für die mein fotogener heutiger Ehemann in sehr jungen Jahren Modell gestanden hat, mal mit mir zusammen, mal allein, mal ohne, mal mit Kleidern, bei einem weiteren Aufenthalt in einem Pariser Atelier. Ein einziges Sujet habe ich bisher grossvergrössern lassen, aber dann doch nicht ausgestellt: Wir sitzen uns auf zwei Stühlen vis-à-vis und blicken uns in die Augen, ich bin nackt, er trägt Anzug und Krawatte. Ich lege meine Hand auf seine Hand, und genau von dieser Geste lebt das Bild.
   Schade drum.
   In unserem Sous-Sol sieht es bald so aus wie im Atelier des Künstlers Dieter Roth mit seinen Schimmelsachen: das totale Chaos nämlich. Ich muss an die Geschichte denken von jenem Jungen mit seinem Brei, der mehr und mehr und mehr wurde und schliesslich zum Haus hinausquoll.

2. Mai
Das Zusammensein mit einem meiner ältesten Freunde ist stets von gegenseitigem Verstehen und absoluter Ehrlichkeit geprägt. Wir sind beide süchtige Bibliotheksgänger und sind uns zum ersten Mal in unserer Bücherei begegnet. Wir kennen uns sehr gut und sind uns ähnlich. Seinen Lebenspartner, einen bis vor Kurzem ranghohen Kulturmann in Bern, hatte er in einem Museum vor einem Bild von mir kennengelernt, indem sie ins Gespräch kamen und sich gegenseitig erzählten, dass sie mit der Künstlerin bekannt seien. Anschliessend blieben sie zusammen.

    Ist das nicht schön?

3. Mai
Heute mit nackten Füssen im Freien gegangen. Mai!

Nun duften sie wieder, diese ganz unscheinbaren kleinen weissen Strauchblumen, sehr, sehr süss und gleichzeitig unbestimmt faulig. Wenn ich mich recht erinnere, dauert das den ganzen Sommer über bis weit in den Herbst hinein.

4. Mai
Beim Hundespaziergang kommt mir ein

Mann auf einem Einrad entgegen, direkt am Wasser, dort, wo die grossen Steinquader besondere Konzentration erfordern für die Balance. Trotzdem lachen wir uns zu. Da sehe ich mich selbst in ihm: Genau so ging ich früher durchs Leben, den möglichen Sturz stets vor Augen.

 Im letzten Sommer sah ich eines Morgens einen Erpel quer über die Autostrasse torkeln, und nur durch ein Wunder wurde er nicht überfahren. Ich habe ihn dann eingefangen und unser Badezimmer ausgeräumt. Ich entdeckte eine Wunde am Hals, wahrscheinlich ein Hundebiss. Widerstandslos liess er die Blessur behandeln, und es war fast bestürzend zu sehen, wie er sich in sein Schicksal fügte in diesem fensterlosen Raum. Bereits nach ein paar Tagen konnte ich ihn dann zurück an den See bringen. Zu diesem Zweck benutzte ich einen geschlossenen Korb, und je näher wir dem Wasser kamen, desto aufgeregter wurde er, und es war schön, wie froh er wieder in sein Element eintauchte und vermutlich zu seiner Ente zurückkehrte. Danach habe ich mich eine Zeitlang bei jedem Erpel gefragt, ob das wohl „meiner" sei.

 Das Badezimmer war voller Entenkot und voller schöner Federn.

5. Mai
Den Filmer getroffen.
    Nach wie vor die Frage: Was, was genau soll er filmen? Meine Tage sind so wunderbar unspektakulär.

6. März 2019
Heute früh um sieben Uhr dreissig ist mein
erster Ehemann – er ist bis zuletzt ein Freund
geblieben – gestorben.
Der See schön wie immer.
Ein Kormoran breitet seine Flügel aus
im Wind.

MANON

Künstlerin.
Fotobilder, Performances, Installationen.
Ausstellungen im In- und Ausland.
U. a. Prix Meret Oppenheim (2008).
Lebt heute in Zürich.

MANON, *FEDERN*

Text:	Manon
Redaktion:	Andreas Koller
Lektorat und Korrektorat:	Sandro Fischli, Miriam Wiesel

Gestaltung:	Marietta Eugster
Assistenz:	Célestine Claudin
Druck und Bindung:	Musumeci S.p.A.
Papier:	Lessebo Design Smooth Natural 90 g
Umschlag:	Invercote Albato 270 g
Schrift:	Riforma LL, NORM

Erstveröffentlichung:	Edition Patrick Frey, 2019

Auflage:	800 Exemplare
ISBN:	978-3-906803-96-8
	Gedruckt in Italien

© 2019 Bild:	Manon
© 2019 Text:	Manon
© 2019 für diese Ausgabe:	Edition Patrick Frey

Edition Patrick Frey
Limmatstrasse 268, CH – 8005 Zürich
editionpatrickfrey.com
mail@editionpatrickfrey.ch

Alle Rechte vorbehalten, insbesondere das der Übersetzung, des öffentlichen Vortrags, des Nachdrucks, auch einzelner Teile in Zeitschriften oder Zeitungen, der Übertragung durch Rundfunk oder Fernsehen. Kein Teil des Werks darf in irgendeiner Form (durch Fotografie oder andere optische oder elektronische Verfahren) ohne ausdrückliche Genehmigung reproduziert, verarbeitet, vervielfältigt oder verbreitet werden.

VERTRIEB

Schweiz	AVA Verlagsauslieferung, CH – Affoltern am Albis ava.ch
Deutschland, Österreich	GVA Gemeinsame Verlagsauslieferung, D – Göttingen gva-verlage.de
Frankreich, Luxemburg, Belgien	Les presses du réel F – Dijon lespressesdureel.com
Grossbritannien	Antenne Books GB – London antennebooks.com
USA	ARTBOOK / D.A.P. USA – New York artbook.com

Japan	**twelvebooks** **JP – Tokyo** **twelve-books.com**
Australien, Neuseeland	**Perimeter Distribution,** **AU – Melbourne** **perimeterdistribution** **.com**
Übrige Länder	**Edition Patrick Frey** **CH – Zürich** **editionpatrickfrey.com**